Politischen Grenzen Europas vor dem Ersten Weltkrieg **1914.**

Politischen Grenzen Europas **1929**

1a

Übersichtskarte des e

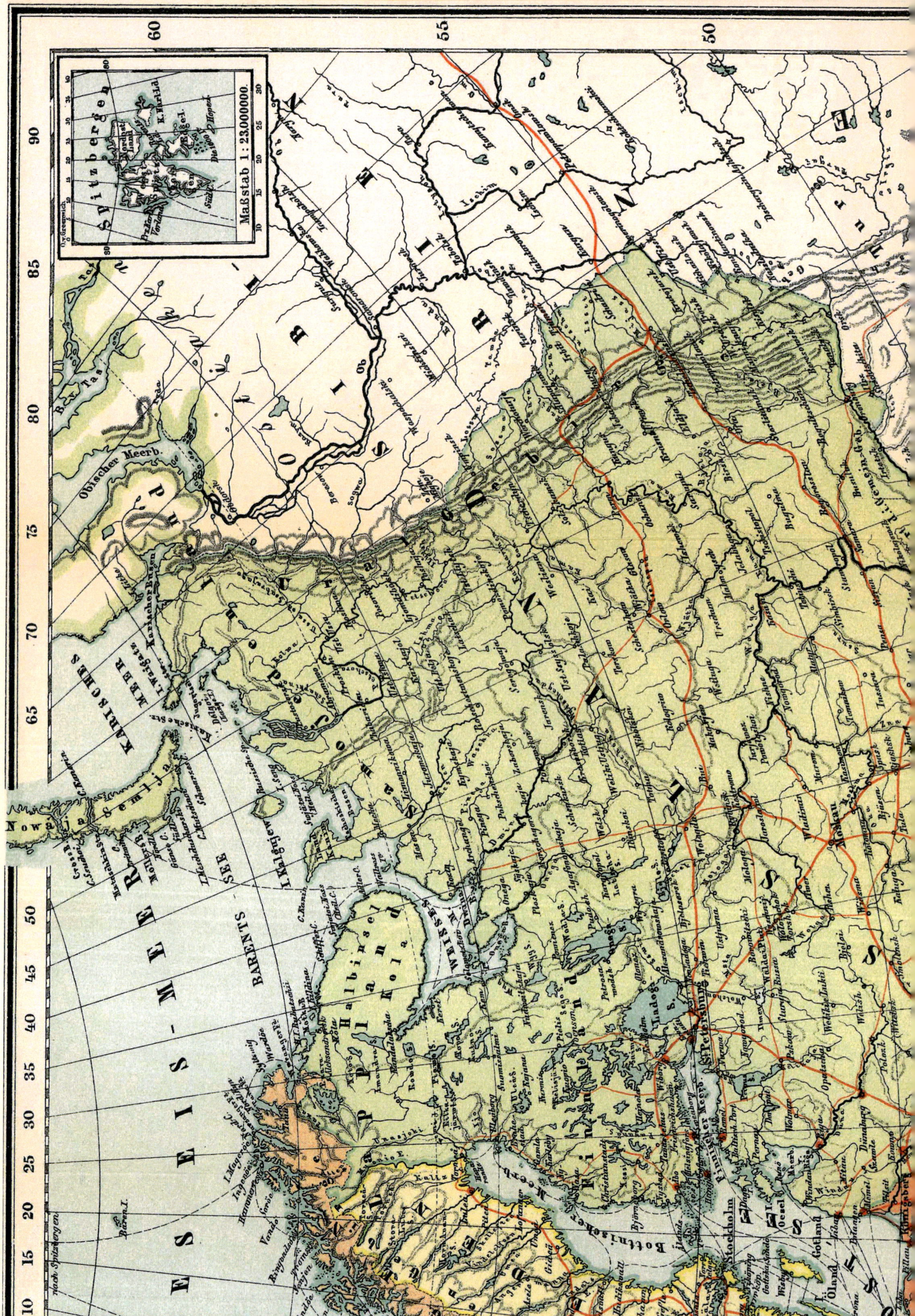

Spitzbergen
Maßstab 1: 23.000000
Obischer Meerb.
KARISCHES MEER
Nowaja Semlja
BARENTS SEE
Halbinsel Kola
WEISSES MEER
Ladoga S.
St. Petersburg
Finnischer Meerb.
Bottnischer Meerb.
Stockholm
Gotland
Öland
Oesel
Moskau

Kriegs-Atlas 1914–1918

über sämtliche Kriegsschauplätze

Verlag Rockstuhl

Inhalt:

Impressum

Umschlaggestaltung: Harald Rockstuhl, Bad Langensalza

1. Reprintauflage 2018 auf der Grundlage der
Erstausgabe vom Verlag des Freiburger Tageblatt, Freiburg i. Br., ca. 1915.
Mit 11 farbigen Tafeln vom Geographischen Verlag G.m.b.H., Leipzig, Stephanstr. 8

Alle Karten in diesem Buch wurden um 10 % verkleinert – auf jeweils vier Seiten – dargestellt.

ISBN 978-3-95966-386-1

Repro: Harald Rockstuhl

Druck und Bindearbeit: Digital Print Group Oliver Schimek GmbH,
Nürnberg/Mittelfranken

Gedruckt auf alterungsbeständigem Papier nach ISO 9706

Die Deutsche Nationalbibliothek verzeichnet diese Publikation in der Deutschen Nationalbibliografi
Detaillierte bibliografische Daten sind im Internet über *http://dnb.d-nb.de* abrufbar.

Verlag Rockstuhl
www.verlag-rockstuhl.de

Inhaber: Harald Rockstuhl
Mitglied des Börsenvereins des Deutschen Buchhandels e.V.
Lange Brüdergasse 12 in D-99947 Bad Langensalza/Thüringen
Telefon: 03603 / 81 22 46 Telefax: 03603 / 81 22 47
www.verlag-rockstuhl.de

äischen Kriegsschauplatzes

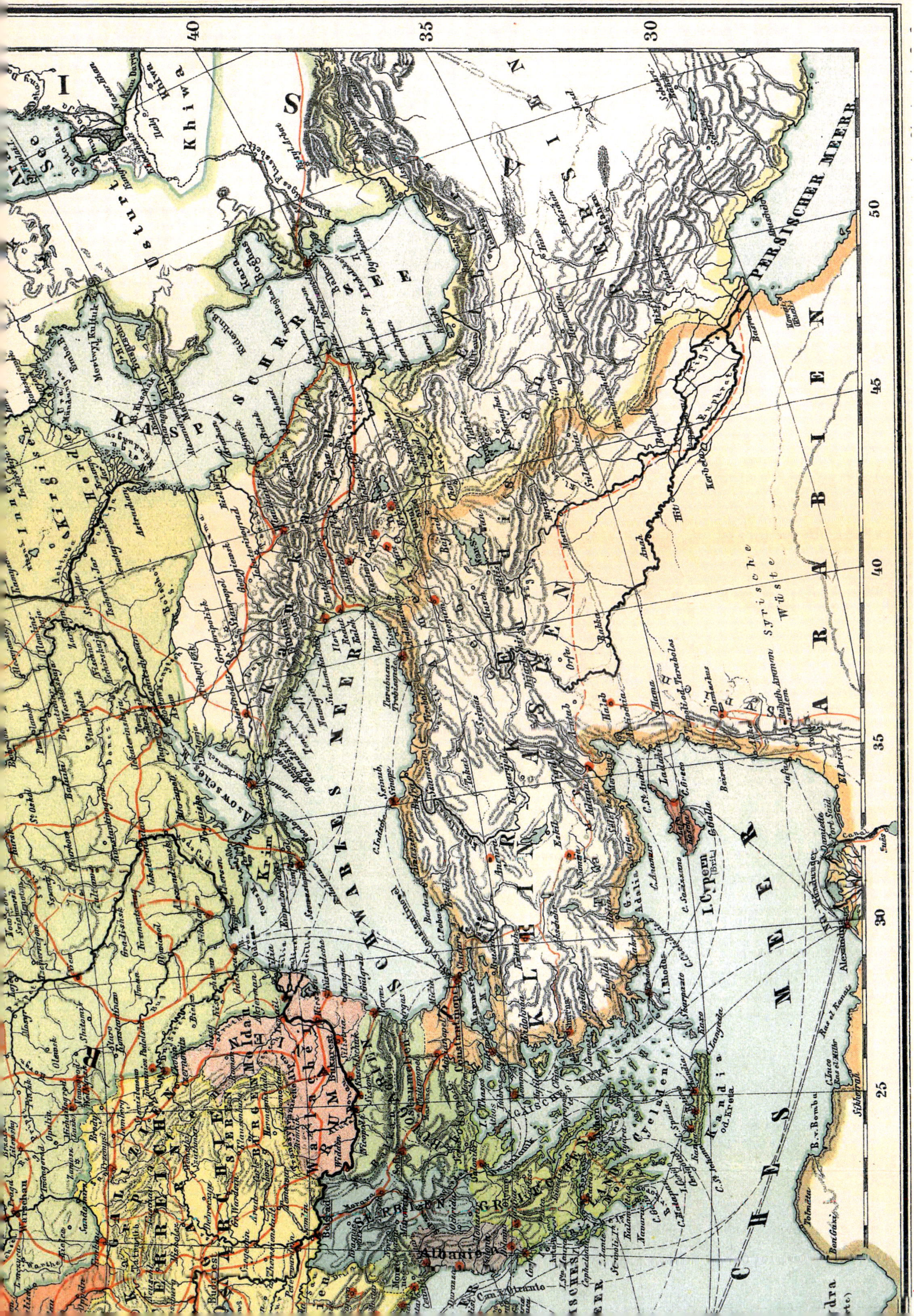
PERSISCHER MEERB
Khiwa
Syrische Wüste
Albanie
I. Cypern

1b
NÖRDLICHES EIS-
Nördlicher Polar-Kreis
Dänemark-Str.
GRÖNLAND
Scoresby Sd.
Liverpool I.
C. Hegemann
I. Mayen
Bären I.
Färöer (Dänisch)
Shetland-I.
Orkney
GROSSBRITANNIEN
NORD SEE
Stockholm
Gotland
Öland
Bornholm
ERKLÄRUNG:
Schriftart und Grösse nach der relativen Wichtigkeit der Orte. Befestigte Plätze.
Eisenbahnen — Kabel
Leuchtfeuer — Schiffsrouten
Maßstab 1:14000000.
0 50 100 200 300 400 500 600 Km.

ADRIATISCHES MEER
TYRRHENISCHES MEER
IONISCHES MEER
MITTELLÄNDISCHES
BISCAISCHER MEERB.
Golf von Gâbes (Kleine Syrte)
Busen v. Sydra (Grosse Syrte)
Tripoli
Corsica
Sardinien
Mallorca
Balearen
Algier
Albanien
Kandia od. Kreta
C. Ortegal
C. Finisterre
Madrid
Tafilelt
Wadi Draa
El Golea
Tanger
Cadiz
W.-Ö. v. Greenw.
40
35
30
25
15
10
5

Deutsches Reich mi

OST-PREUSZEN
WEST-PREUSZEN
POMMERN
POSEN
BRANDENBURG
SCHWEDEN
GOTLAND
BORNHOLM
RÜGEN
USEDOM
KÖNIGSBERG
DANZIG
STETTIN
BERLIN
THORN
WARSCHAU
KOWNO
Danziger Bucht
Pommersche Bucht
Hanö Bucht
SAMLAND
O S T S E E

tlichem Kriegsschauplatz

STAATEN DES DEUTSCHEN REICHES.
a) Königreiche: Preußen, Bayern, Sachsen, Württemberg
b) Großherzogtümer: Baden, Hessen, Mecklenburg-Schwerin, Sachsen-Weimar, Mecklenburg-Strelitz, Oldenburg
c) Herzogtümer: Braunschweig, Sachsen-Meiningen, Sachsen-Altenburg, Sachsen-Coburg-Gotha, Anhalt
d) Fürstentümer: Schwarzburg-Sondershausen, Schwarzburg-Rudolstadt, Waldeck, Reuß älterer Linie, Reuß jüngerer Linie, Schaumburg-Lippe, Lippe
e) Freie Städte: Hamburg, Bremen, Lübeck
f) Reichsland: Elsaß-Lothringen
MASZSTAB – 1:3250000.
Östl. L. 15 v. Greenwich
SCHLESIEN
BÖHMEN
MÄHREN
GALIZIEN
NIEDER-OESTERREICH
OBER-OESTERREICH
STEIERMARK
SALZBURG
KÄRNTEN
SACHSEN
BRESLAU
KRAKAU
WIEN
BUDAPEST
PRAG
BRÜNN
LINZ
GRAZ

2b
NORD-SEE
JÜTLAND
SEELAND
FÜNEN
LAALAND
FALSTER
RÜGEN
SCHWEDEN
BORNHOLM
SCHLESWIG
HOLSTEIN
MECKLENBURG
POMMERN
HANNOVER
OLDENBURG
BRANDENBURG
BERLIN
WESTFALEN
HAMBURG
BREMEN
KOPENHAGEN
ZUIDER SEE
NORD-FRIESISCHE INSELN
OST-FRIESISCHE INSELN
WEST-FRIESISCHE INSELN

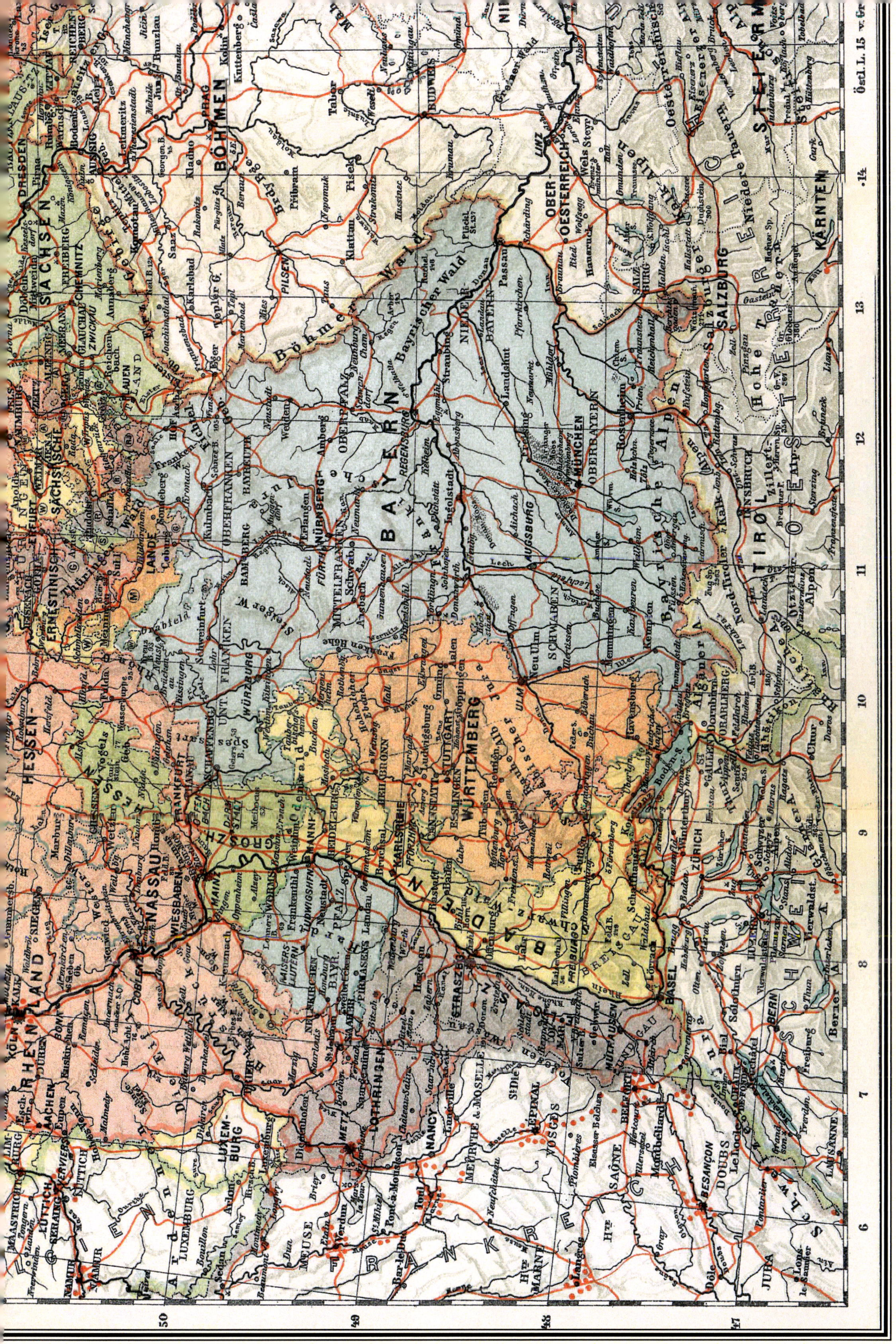
BAYERN
WÜRTTEMBERG
SACHSEN
BÖHMEN
HESSEN
NASSAU
SALZBURG
TIROL
LOTHRINGEN
MÜNCHEN
AUGSBURG
REGENSBURG
NÜRNBERG
STUTTGART
ULM
ZÜRICH
BASEL
STRASZBURG
KARLSRUHE
PASSAU
LINZ

3a

Die deutsche

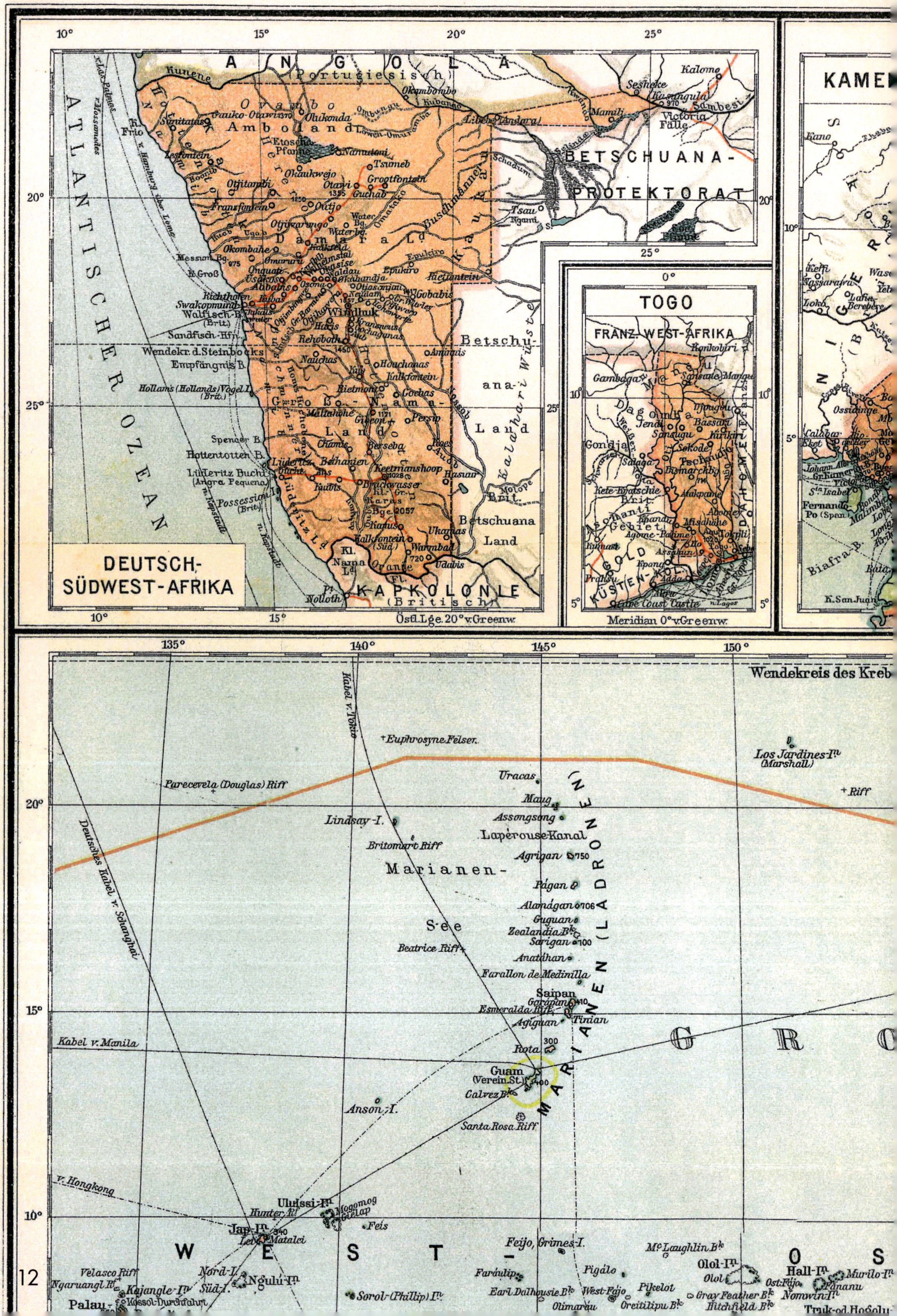
DEUTSCH-SÜDWEST-AFRIKA
ANGOLA (Portugiesisch)
ATLANTISCHER OZEAN
BETSCHUANA-PROTEKTORAT
Betschuana-Land
Kalahari Wüste
KAPKOLONIE (Britisch)
Ovambo
Amboland
Damara Land
Groß Nama Land
Windhuk
Swakopmund
Walfisch-B. (Brit.)
Lüderitz Bucht (Angra Pequena)
Keetmanshoop
Rehoboth
Gibeon
Bethanien
Grootfontein
Tsumeb
Outjo
Okahandja
Gobabis
Warmbad
Kunene
Kubango
Oranje Fl.
Sambesi
Victoria Fälle
Östl. Lge. 20° v. Greenw.
TOGO
FRANZ. WEST-AFRIKA
Lome
Anecho
Misahöhe
Atakpame
Sokode
Bassari
Sansane Mangu
Jendi
Salaga
Kete-Kratschie
Aschanti Gebiet (Brit.)
GOLD KÜSTEN-KOL.
Cape Coast Castle
DAHOMÉ (Franz.)
Meridian 0° v. Greenw.
KAMERUN
Fernando Po (Span.)
Biafra-B.
Wendekreis des Krebses
Marianen-See
MARIANEN (LADRONEN)
Uracas
Maug
Assongsong
Agrigan
Pagan
Alamagan
Guguan
Sarigan
Anatahan
Farallon de Medinilla
Saipan
Garapan
Tinian
Agiguan
Rota
Guam (Verein. St.)
Laperouse-Kanal
Lindsay-I.
Parecevela (Douglas) Riff
Anson-I.
Santa Rosa Riff
Los Jardines-In. (Marshall)
Kabel v. Manila
Kabel v. Tokio
Deutsches Kabel v. Schanghai
v. Hongkong
Jap-In.
Ulithi-In.
Palau
Sorol (Phillip) In.
Feijo, Grimes-I.
Olol-In.
Hall-In.
Murilo-In.
W E S T - O S
G R O

…olonialgebiete

DEUTSCH-OST-AFRIKA
Ägypten
Victoria-See
BRIT.-OST-AFRIKA
INDISCHER OZEAN
KONGOSTAAT (Belgisch)
RHODESIA (Brit.)
MOÇAMBIQUE (Portug.)
Östl. Länge 35° von Greenwich
Tanganjika-See
Njassa-See
Tabora
Unjanjembe
Ugogo
Usambara
Kilimandscharo
Mombasa
Pemba (Brit.)
Zanzibar (Brit.)
Bagamojo
Daressalam
Mafia
Kilwa Kiwindsche
Lindi
Mikindani
Rowuma
Rufiji
Tschad-See
FRANZ. ÄQUAT.-AFRIKA
FR. CONGO
BELG. CONGO
Kamerun
Duala
Jaunde
Kribi
Molundu
Ngaundere
Garua
Bonga
Mogouma
KIAUTSCHOU.
Golf v. Tschili
Kiautschou
Tsingtau
Tsi-nan
Östl. Lge. Greenw. 120°
Wake-I.
Kabel n. S. Francisco üb. Honolulu
Gaspar Riko, Taongi-I.
Bogag, Sibyllae-I.
Bikar-I.
Eniwetok-I.
Bikini-(Eschscholtz) I.
Rongelab-I.
Rongerik-I.
Utirik-I.
Button-Islands
Taka-I.
Ailinginaë-I.
Ailuk-I.
Meyit-I.
Wötho-I.
Ligiëb-I.
Ujelang-I.
Kwadjelin-I.
Wotye-I.
Chatham-I.
Maloelab-I.
Calvert-I.
Erikub-I.
Namo-I.
Aur-I.
Lib
MARSHALL
Ralik
Ratak

3b
SÄMTLICHE KARTONS
IM EINHEITLICHEN
Maßstab von 1 : 15 000 000.
Kilometer
Deutsche Dampferlinien
Fremde
Eisenbahn im Betrieb
im Bau od. Projekt
Telegraphenkabel
Die Regierungshauptstädte sind schwarz unterstrichen. Höhen in Metern.
W E S T - K A R O L I N E N
BISMARCK-ARCHIPEL
NEU-GUINEA
KAISER-WILHELMS-LAND
Niederl.
Britisch
ALFUREN-M.
KORALLEN-M.
Papua-Golf
Torres-Straße
QUENSLAND
AUSTRALIEN
Östl. Länge v. Greenwich
Saipan
Tinian
Rota
Guam
Anson-I.
Santa Rosa Riff
Kabel v. Manila
v. Hongkong
Kabel v. Menado (Celebes)
Palau-In
Babelthaob
Jap-In
Ulussi-In
Feis
Nord-I.
Süd-I.
Ngulu-In
Sorol-(Phillip) In
Feijo, Grimes-I.
Oleai
Elato-In
Lamutrik-In
Ololl-In
Hall-In
Truk-od.Hogolu
Lanthe Bk
Nile Bk
Lady Elgin Bank
Helene Grund
Bunaj, Mapia-In
Zwei Inseln
Kapingamarangi
Commerson-In
Ninigo-In
Admiralitäts-In
Mussau
Hannover
Neu-Mecklenburg
Neu-Pommern
Gazelle Halbi.
Französische-In
Sandwich-I.
Karl Ludwig-Bge.
Kaiserin Augusta Fl.
Finisterre G.
Bismarck-Geb.
Stephansort
Astrolabe Bai
Huon-Golf
Pr. Alexander-Geb.
Berlin-Reede
Victor Emanuel-Geb.
Owen Stanley Geb.
Mt. Victoria
Port Moresby
Granville
Trobriand-In
D'Entrecasteaux-In
Fergusson-I.
Goodenough
Aru-In
Kei
Kobrur
Wokam
Terangan
Pr. Friedrich Heinrich-I.
Dourga-Str.
Woruka
Domanda
Silbraka
Tagota
Jobi
Geelvink-Bai
Supiori
Schouten-In
Mefur
Wessel-In
Goulburn-In
Clarence-In
Banks-I.
Thursday-I.
Pr.v.Wales-I.
K.York
Newcastle-B.
Pt. Musgrave
H.I. York
Golf von Carpentaria
Claremont-In
Prinzeß-Charlotte-B.
Osprey Riff
Howick Gr.
Lizard-I.
Bougainville Riff
v. Yokohama n. Melbourne
v. Batavia üb. Capstadt n. Hamburg
v. Hongkong üb. Jaluit n. Sydney
n. Sydney
135°
140°
145°
150°
15°
10°
5°
0°

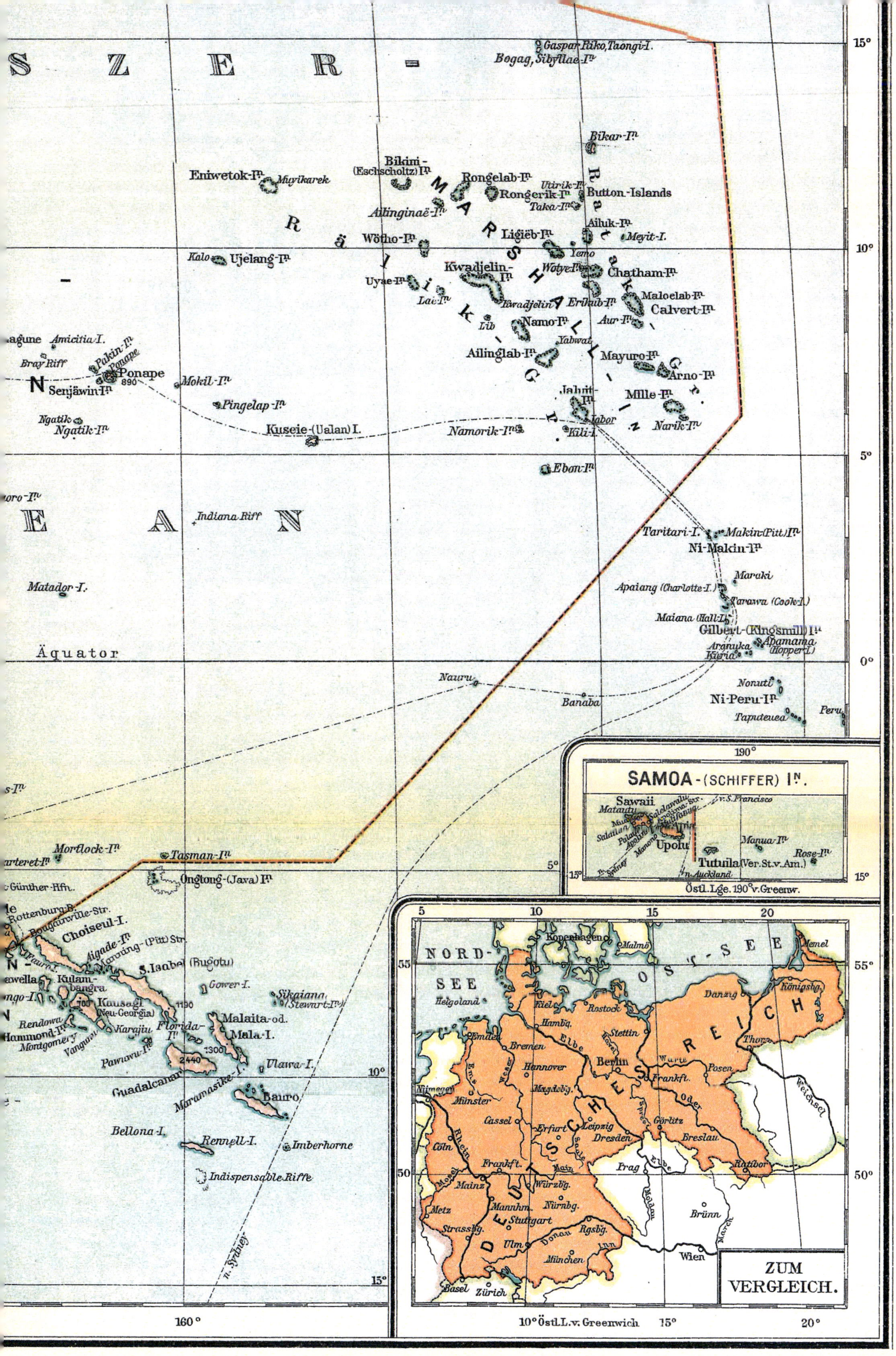
S Z E R -
Ä Q U A T O R
E A N
Gaspar Riko, Taongi-I.
Bogag, Sibyllae-I.
Bikar-I.
Bikini-(Eschscholtz) I.
Eniwetok-I.
Muyikarek
Rongelab-I.
Rongerik-I.
Utirik-I.
Button-Islands
Taka-I.
Ailinginaë-I.
Ailuk-I.
Meyit-I.
Ligiëb-I.
Wotho-I.
Yemo
Kalo
Ujelang-I.
Kwadjelin-I.
Wotye-I.
Chatham-I.
Uyae-I.
Lae-I.
Kwadjelin
Erikub-I.
Maloelab-I.
Calvert-I.
Namo-I.
Aur-I.
Lib
Yabwat
Ailinglab-I.
Mayuro-I.
Arno-I.
Jaluit-I.
Mille-I.
Jabor
Narik-I.
Namorik-I.
Kili-I.
Ebon-I.
MARSHALL-INSELN
Ratak-Gr.
Rälik-Gr.
Lagune
Amicitia-I.
Bray Riff
Pakin-I.
Ponape
890
Senjäwin-I.
Mokil-I.
Pingelap-I.
Ngatik
Ngatik-I.
Kuseie-(Ualan) I.
Indiana Riff
Taritari-I.
Makin-(Pitt) I.
Ni-Makin-I.
Maraki
Matador-I.
Apaiang (Charlotte-I.)
Tarawa (Cook-I.)
Maiana (Hall-I.)
Gilbert-(Kingsmill) I.
Aranuka
Kuria
Apamama (Hopper-I.)
Äquator
Nauru
Banaba
Nonuti
Ni-Peru-I.
Tapiteuea
Peru
Morflock-I.
Tasman-I.
Ongtong-(Java) I.
Günther-Hfn.
Rottenburg-B.
Bougainville-Str.
Choiseul-I.
Aigade-I.
Manning-(Pitt) Str.
S. Isabel (Bugotu)
Gower-I.
Kulambangra
Kausagi (Neu-Georgia)
1190
Sikaiana (Stewart-I.)
Rendowa
Hammond-I.
Montgomery
Vangunu
Karajiu
Florida-I.
Malaita od. Mala-I.
1300
Pawuwu-I.
2440
Ulawa-I.
Guadalcanar
Maramasike-I.
Bauro
Bellona-I.
Rennell-I.
Imberhorne
Indispensable Riffe
n. Sydney
160°
15°
10°
5°
0°
190°
SAMOA-(SCHIFFER) I.
Sawaii
Matautu
Salailua
Apolima
Apia
Upolu
Manono
v. S. Francisco
Manua-I.
Rose-I.
Tutuila (Ver. St. v. Am.)
n. Sydney
n. Auckland
Östl. Lge. 190° v. Greenw.
NORD-SEE
OSTSEE
Helgoland
Kopenhagen
Malmö
Memel
Königsbg.
Danzig
Kiel
Rostock
Hambg.
Stettin
Emden
Bremen
Elbe
Berlin
Thorn
Posen
Hannover
Warthe
Frankfr.
Oder
Ems
Weser
Magdebg.
Weichsel
Nimegen
Münster
Cassel
Erfurt
Leipzig
Dresden
Görlitz
Breslau
Cöln
Rhein
Frankft.
Main
Prag
Ratibor
Moldau
Mainz
Würzbg.
Mannhm.
Nürnbg.
Brünn
Metz
Stuttgart
Strassbg.
Rgsbg.
March
Ulm
Donau
München
Inn
Wien
Basel
Zürich
DEUTSCHES REICH
ZUM VERGLEICH.
10° Östl. L. v. Greenwich
55°
50°
20°

Die Kriegsschauplätze in Öster

LEMBERG
KRAKAU
BUDAPEST
DEBRECZIN
KECSKEMET
Tarnopol
Stanislau
Przemysl
Miskolcz
Czernowitz

h-Ungarn, Serbien und der Adria

Österreichisch - Ungarische Monarchie
676545 qkm
a) Kaisertum Österreich (Cisleithanien) 300193 qkm
1. Erzherzogtum Österreich unt. der Enns 19854 qkm
2. Österreich ob der Enns 11994
3. Herzogtum Salzburg 7163
4. Steiermark 22449
5. Kärnthen 10333
6. Krain 9965
7. Gefürstete Grafschaft Görz und Gradiska, Markgr. Istrien, Stadt Triest und Gebiet 7973
8. Gefürstete Grafschaft Tirol u. Vorarlberg 29268
9. Königreich Böhmen 51967
10. Markgrafschaft Mähren 22231
11. Herzogtum Schlesien 5153
12. Königreich Galizien 78532
13. Herzogtum Bukowina 10456
14. Königreich Dalmatien 12863
b) Länder der ungarischen Krone (Transleithanien)
376352 qkm
1.u.2. Ungarn und Siebenbürgen, Fiume und Gebiet 282824 qkm
3. Kroatien, Slavonien und ehem. Militärgrenze 42501
4. Bosnien und Herzegowina 51027
Zeichen - Erklärung.
STADT über 100000 Einwohner
STADT von 50-100000 "
Stadt " 25 - 50000 "
Stadt " 10 - 25000 "
Stadt unter 10000 "
Marktflecken u. Dorf
Eisenbahnen
Festung
Fort
Canal
Landes-
Provinz-Grenze
Die Höhen sind in Metern angegeben.
Maßstab = 1 : 3200000.
Kilometer.
Deutsche Meilen, 15=1° des Äquators
Österreichische Meilen, 14,67=1° des Äquators
SZEGEDIN
MARIA THERESIOPEL (SZABADKA)
Zombor
Fünfkirchen (Pécs)
Essek
Neusatz
Nagybeckerek
TEMESVAR
Lugos
Versecz
Weißkirchen
Pancsova
Semlin
BELGRAD
Kragujewatz
Hermannstadt (Nagyszeben)
Kronstadt (Brasso)
Krajowa
Widin
BULGARIEN
RUMÄNIEN
SERBIEN
MONTENEGRO
HERZEGOWINA
Serajewo (Bosna Seraj)
Mostar
Banjaluka
Tusla
Prisrend
Skutari
Cattaro
Ragusa
Donau
45
44
43
42
18
19
20
21
22
23
24
25

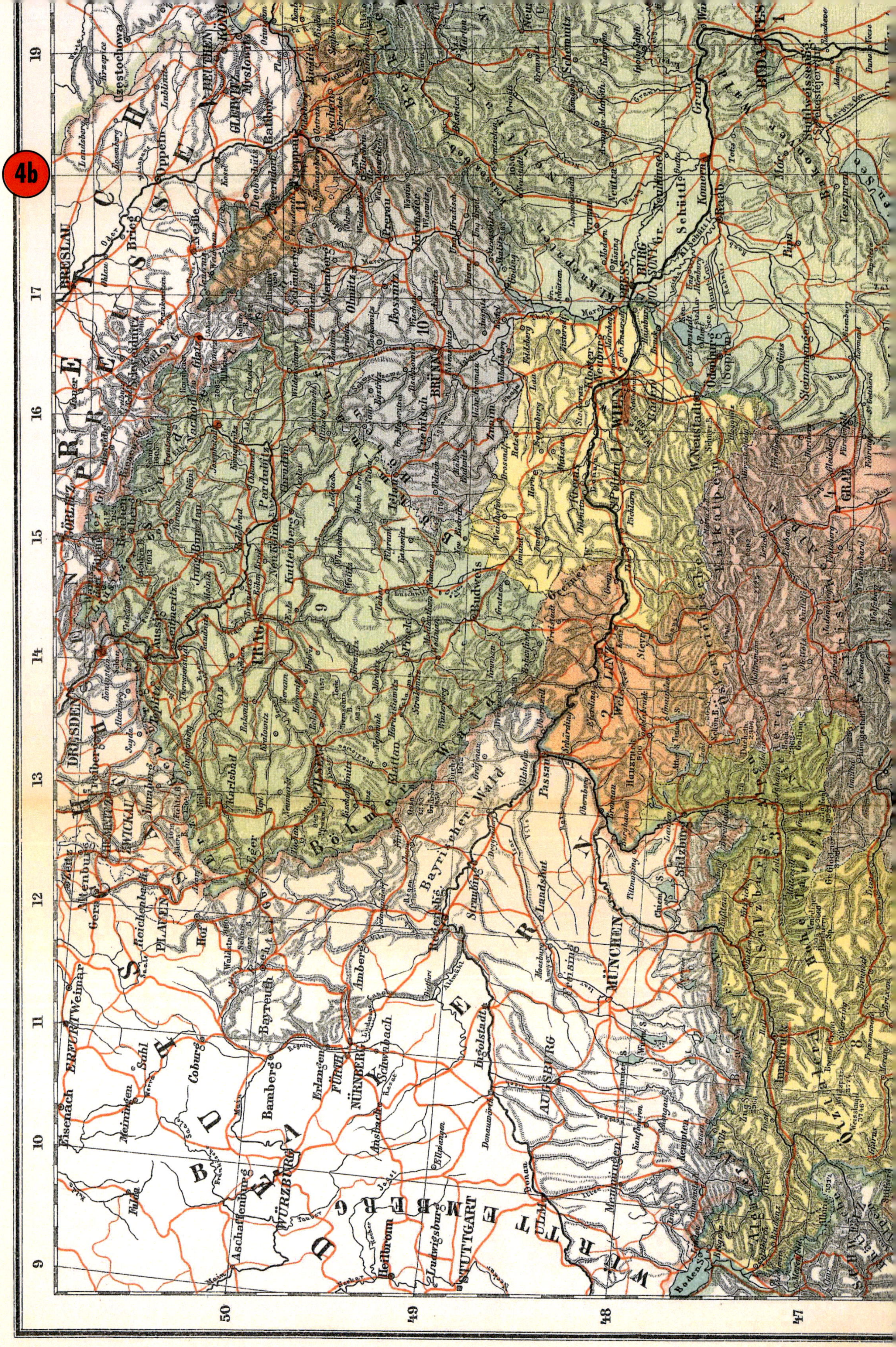
4b
BRESLAU
DRESDEN
PRAG
WIEN
BRÜNN
MÜNCHEN
NÜRNBERG
AUGSBURG
STUTTGART
WÜRZBURG
ERFURT
PLAUEN
ZWICKAU
Bamberg
Bayreuth
Regensburg
Passau
Linz
Budweis
Ingolstadt
Landshut
Ulm
Pilsen
GRAZ
Olmütz
Oppeln
Brieg
Coburg
Fulda
Eisenach
Heilbronn
Ansbach

ADRIAT.
MEER
Golf von Venedig
BUDAPEST
Maßstab 1:144 000
Östliche Länge 15 von Greenwich

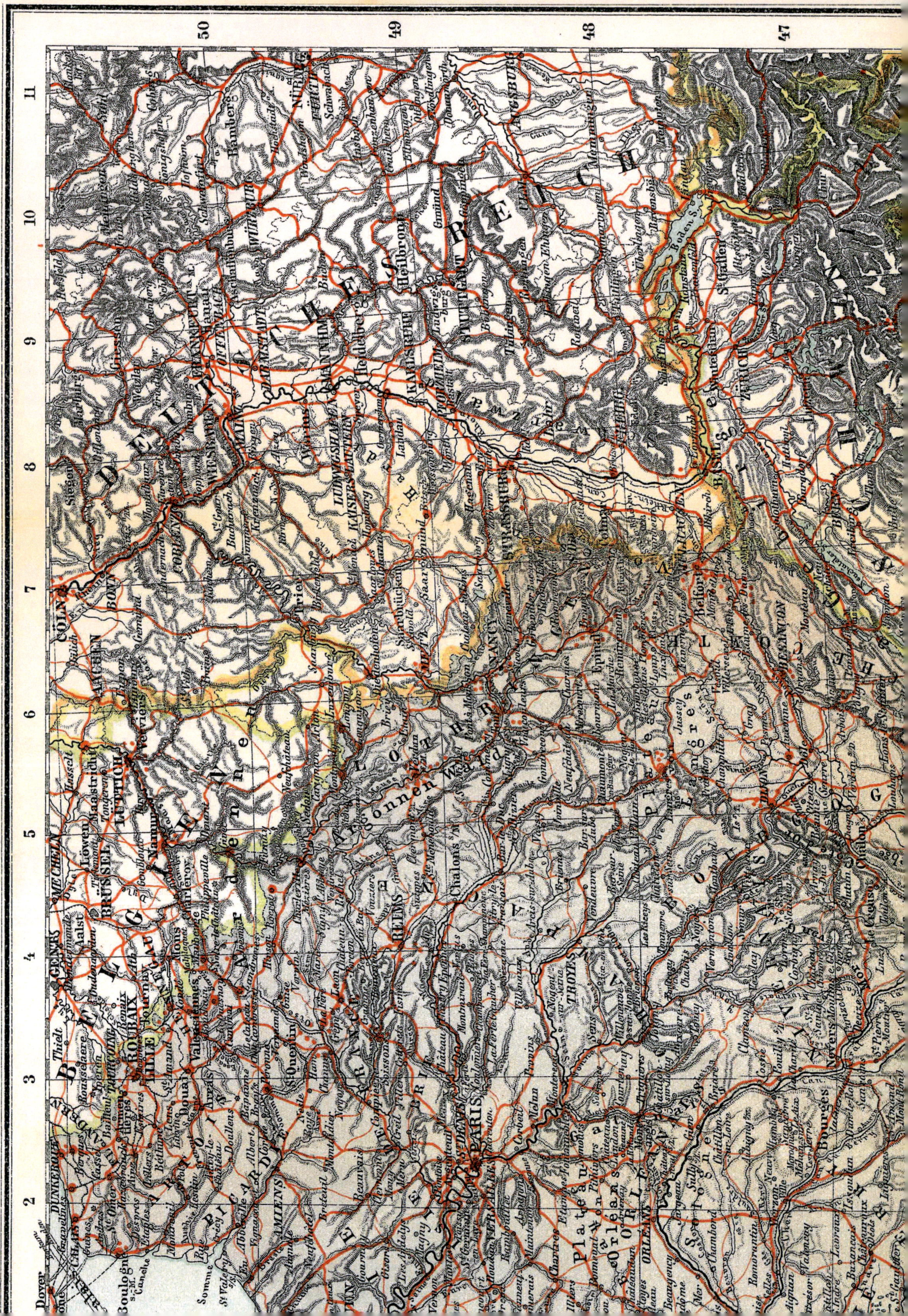

egsschauplatz

Geographischer Verlag G. m. b. H., Leipzig, Stephanstraße 8

5b

(LA MANCHE)
DER CANAL
Normannische Inseln
ATLANTIS
PARIS
ROUEN
LE HAVRE
Cherbourg
Jersey
Guernsey
Brighton
Hastings
Dieppe
Boulogne
Dunkerque
Amiens
Nantes
Angers
Tours
Orléans
Brest
Belle Ile
Ile d'Yeu

OZEAN
Biscaischer Meerbusen
Golf v. Gascogne
BORDEAUX
TOULOUSE
Carcassonne
Biarritz
S. Sebastian
Die Umgegend von Paris.
Maßstab 1:600000.
Zeichen-Erklärung.
STADT über 100000 Einw.
STADT von 50-100000 Einw.
Stadt von 25-50000
Stadt 10-25000
Stadt unter 10000
Flecken u. Dorf
Festung
Fort
Landesgrenze
Kanal
Telegr.-Kabel
Eisenbahn,
Schiffsrouten.
Republik Frankreich.
Fürstentum Monaco.
Maßstab 1:3200000.
Kilometer
Westlich Östlich von Greenwich

6a

Übersichtskarte für die Ereignisse im

London und Umgebung.
Maßstab 1: 500000
Liverpool und Umgebung.
Maßstab 1: 500000.
Die Hafenanlagen von London.
Maßstab 1: 100000.
LIVERPOOL
River Mersey
River Dee
BIRKENHEAD
Thames
Themse
TOWER-HAMLETS
GREENWICH
WOOLWICH
HAMPSTEAD
Victoria Dock
DEPTFORD
Isle of Dogs
Lewis
Harris Sund
N. Uist
Benbecula
S. Uist
Barra
St. Kilda
HEBRIDEN OD. WESTLICHE In.
DER MINCH OD.
Kleiner Minch
Coll
Tiree
Colonsay
Islay
Oban
Arran
Londonderry
v. Canada

nal und auf dem englischen Festlande

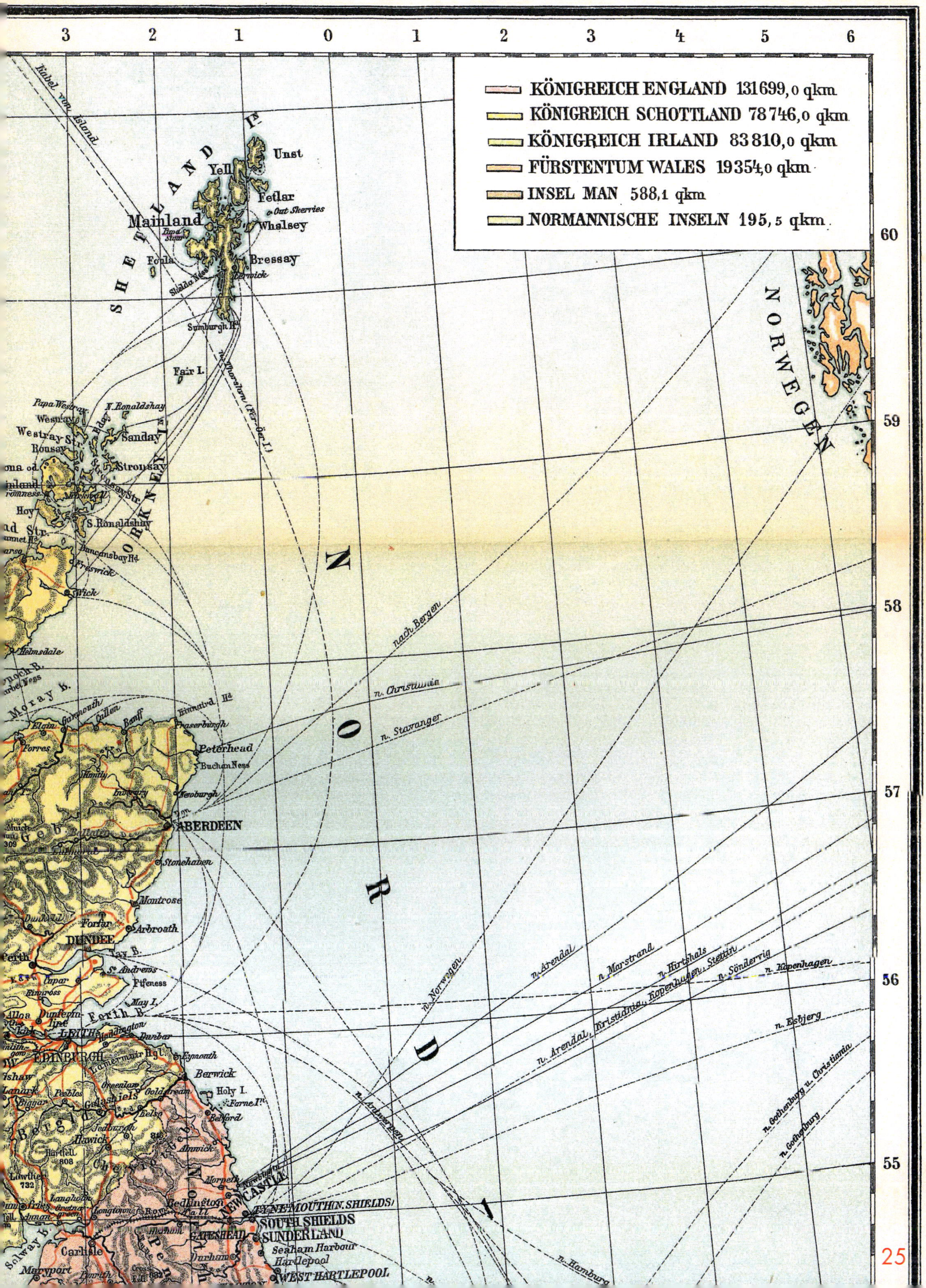

KÖNIGREICH ENGLAND 131699,0 qkm
KÖNIGREICH SCHOTTLAND 78746,0 qkm
KÖNIGREICH IRLAND 83810,0 qkm
FÜRSTENTUM WALES 19354,0 qkm
INSEL MAN 588,1 qkm
NORMANNISCHE INSELN 195,5 qkm
SHETLAND I.
Unst
Yell
Fetlar
Whalsey
Mainland
Foula
Bressay
Fair I.
Sanday
Stronsay
S. Ronaldshay
ORKNEY
NORWEGEN
N O R D
nach Bergen
n. Christiania
n. Stavanger
Wick
Peterhead
ABERDEEN
Stonehaven
Montrose
Arbroath
DUNDEE
EDINBURGH
Berwick
NEWCASTLE
SOUTH SHIELDS
SUNDERLAND
WEST HARTLEPOOL
Carlisle
n. Hamburg
60
59
58
57
56
55

6b
Zeichenerklärung.
LONDON = 4 758 218 Einw., mit Vororten 7 217 900 Einw.
STADT über 100000 Einw.
STADT v. 50_100000
Stadt v. 25_50000
Stadt v. 10_25000
Stadt unter 10000 Einw.
Flecken, Dorf
Schloß, Fort
Canal
Eisenbahn, Schiffsrouten, Telegraphenkabel.
Festungen, Forts
Maßstab = 1: 3,500000
Kilometer, 111,3 = 1° des Aequ.
engl. M. 69,042 = 1° d. Aequ.
Die Höhen sind in Metern angegeben.
55
54
53
52
51
50
49
11
10
9
8
7
6
5
DUBLIN
Kingstown
BELFAST
Londonderry
Galway
Limerick
CORK
Waterford
Wexford
Kilkenny
Sligo
Drogheda
Dundalk
Newry
Armagh
Tralee
Killarney
Bandon
Clonmel
Athlone
Tullamore
Carlow
Wicklow
Arklow
Ennis
Cashel
Dungarvan
Youghal
Valentia
Aran I.
Tory I.
I. Man
Holyhead
Anglesey
Scilly I.
Penzance
Falmouth
Truro
Lundy
Islay
Colonsay
v. Canada
v. St. Johns, Boston, New-York
v. Halifax
v. Liverpool n. Canada
v. Bristol n. Jamaica
Kabel von Fayal
v. New-York
Dower Bay
Kabel von
St. George's Canal
Nord Canal
Cardigan
IRISCHE SEE
ATLANTISCH

Geographischer Verlag G. m. b. H., Leipzig, Stephanstraße 8

Belgischer K

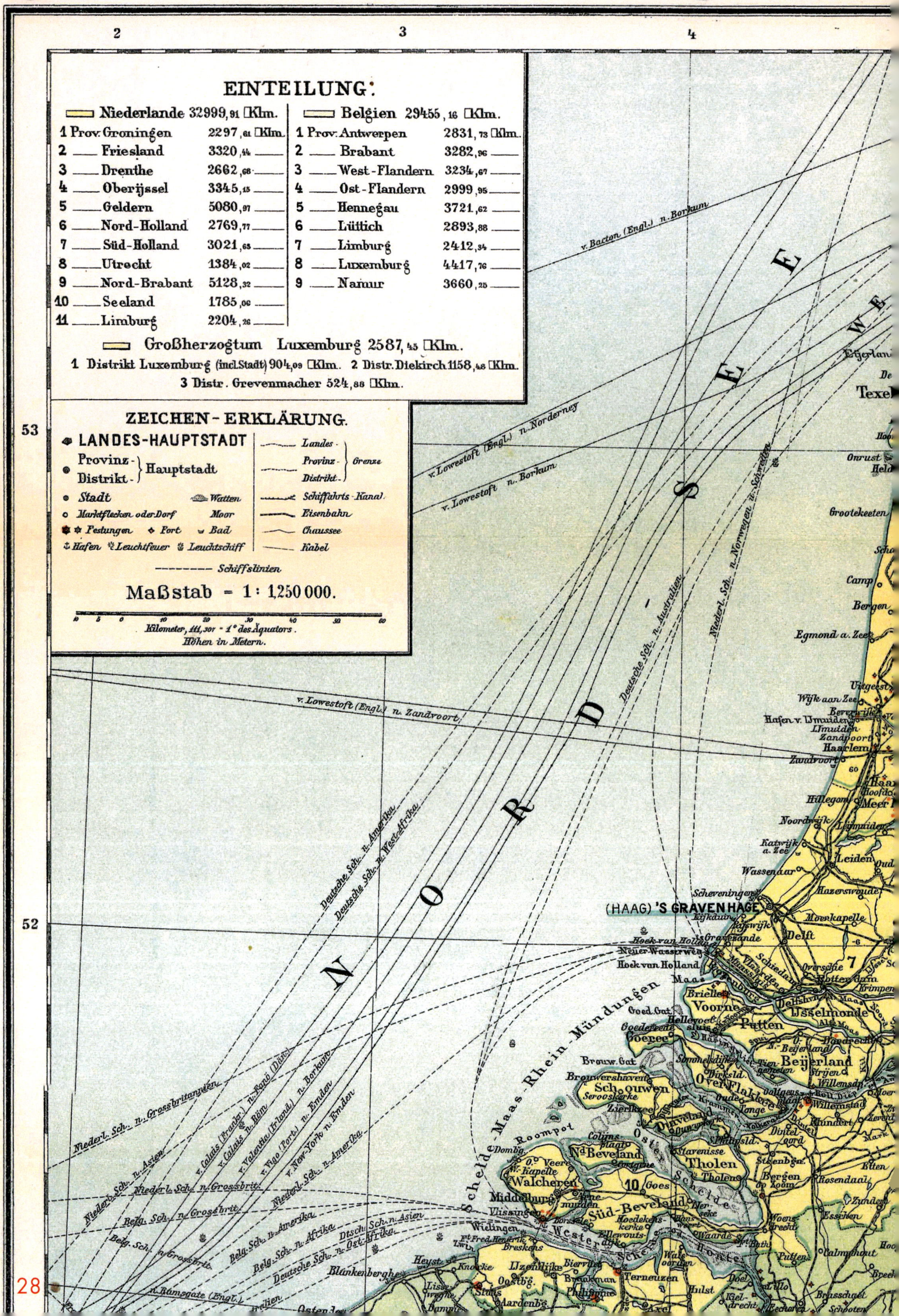
2
3
4
EINTEILUNG:
Niederlande 32999,91 □Klm.
1 Prov. Groningen 2297,61 □Klm.
2 Friesland 3320,44
3 Drenthe 2662,68
4 Oberijssel 3345,15
5 Geldern 5080,97
6 Nord-Holland 2769,77
7 Süd-Holland 3021,65
8 Utrecht 1384,02
9 Nord-Brabant 5128,32
10 Seeland 1785,06
11 Limburg 2204,26
Belgien 29455,16 □Klm.
1 Prov. Antwerpen 2831,73 □Klm.
2 Brabant 3282,96
3 West-Flandern 3234,67
4 Ost-Flandern 2999,95
5 Hennegau 3721,62
6 Lüttich 2893,88
7 Limburg 2412,34
8 Luxemburg 4417,76
9 Namur 3660,25
Großherzogtum Luxemburg 2587,45 □Klm.
1 Distrikt Luxemburg (incl. Stadt) 904,09 □Klm. 2 Distr. Diekirch 1158,48 □Klm.
3 Distr. Grevenmacher 524,88 □Klm.
ZEICHEN-ERKLÄRUNG.
LANDES-HAUPTSTADT
Provinz- } Hauptstadt
Distrikt-
Stadt
Marktflecken oder Dorf
Festungen
Fort
Hafen
Leuchtfeuer
Leuchtschiff
Watten
Moor
Bad
Landes- } Grenze
Provinz-
Distrikt-
Schiffahrts-Kanal
Eisenbahn
Chaussee
Kabel
Schiffslinien
Maßstab = 1 : 1,250 000.
Kilometer, 111,307 = 1° des Äquators.
Höhen in Metern.
53
52
N O R D - S E E
v. Bacton (Engl.) n. Borkum
v. Lowestoft (Engl.) n. Norderney
v. Lowestoft n. Borkum
v. Lowestoft (Engl.) n. Zandvoort
Deutsche Sch. n. Australien
Niederl. Sch. n. Norwegen u. Schweden
Deutsche Sch. n. Amerika
Deutsche Sch. n. West-Afrika
Niederl. Sch. n. Grossbritannien
Niederl. Sch. n. Asien
Niederl. Sch. n. Grossbrit.
Belg. Sch. n. Grossbrit.
Belg. Sch. n. Amerika
Belg. Sch. n. Afrika
Deutsche Sch. n. Ost-Afrika
Dtsch. Sch. n. Asien
n. Ramsgate (Engl.)
Schelde-Maas-Rhein-Mündungen
Roompot
Texel
Eijerland
Onrust
Grootekeeten
Camp
Bergen
Egmond a. Zee
Uitgeest
Wijk aan Zee
Beverwijk
Hafen v. IJmuiden
IJmuiden
Zandvoort
Haarlem
Hillegom
Noordwijk
Katwijk a. Zee
Leiden
Wassenaar
Scheveningen
(HAAG) 'S GRAVENHAGE
Rijswijk
Delft
Hoek van Holland
Maas
Brielle
Voorne
Putten
IJsselmonde
Beijerland
Goeree
Hellevoetsluis
Brouw. Gat
Brouwershaven
Schouwen
Zierikzee
Duiveland
Overflakkee
Willemstad
Tholen
Bergen op Zoom
N. Beveland
Walcheren
Middelburg
Vlissingen
Süd-Beveland
Westerschelde
Breskens
Terneuzen
Hulst
Blankenberghe
Heyst
Knokke
IJzendijke
Oostburg
Ostende
Rosendaal
Hoogerheide
Putten
Calmphout
Brasschaet
Schooten
10
7

gsschauplatz

5
6
7
OSTFRIES. INSN
FRIESISCHE INSELN
Deutsche Sch. n. Asien
Norderney
Baltrum
Spiekeroog
Langeoog
Juist
Borkum
Rottum
Schiermonnikoog
Ameland
Terschelling
Norden
Dornum
Esens
Hage
Wittmund
Marienhafe
Aurich
Greetsiel
Emden
Oldersum
PROVINZ
OLDENBURG
GHZGT.
Dollart
Leer
Jemgum
Bunde
Weener
Ihrhove
Nieuwe-schans
Papenburg
Delfzijl
Appingedam
Groningen
Winschoten
Veendam
Harlingen
Franeker
Leeuwarden
Dokkum
Sneek
Bolsward
Workum
Hindeloopen
Stavoren
Sloten
Lemmer
Heerenveen
Wolvega
Steenwijk
Meppel
Assen
Zuidlaren
Beilen
Borger
Emmen
Hoogeveen
Coevorden
Ter Apel
Meppen
Haselünne
Lingen
Freren
Fürstenau
HANNOVER
Nordhorn
Neuenhaus
Uelsen
Bentheim
Schüttorf
Rheine
Ibbenbüren
Emsdetten
Burgsteinfurt
Greven
Münster
Ahaus
Vreden
Stadtlohn
Coesfeld
Borken
Dülmen
Haltern
Lüdinghsn.
PROV. WESTFALEN
Werne
Lünen
Kamen
Dortmund
Bochum
Hörde
Unna
Schwerte
Witten
Hattingen
Recklinghsn.
Buer
Dorsten
Dinslaken
Wesel
Xanten
Rees
Kleve
Goch
Geldern
Mörs
Duisburg
Ruhrort
Kempen
Krefeld
Ürdingen
Düsseldorf
Schwelm
Breckerfeld
Venlo
Kessel
ZUIDER ZEE
Enkhuizen
Medemblik
Hoogkarspel
Hoorn
Edam
Purmerende
Monnickendam
Marken
AMSTERDAM
Harderwijk
Elburg
Nunspeet
Kampen
Urk
Schokland
Zwolle
Hasselt
Genemuiden
Ommen
Hardenberg
Almelo
Oldenzaal
Hengelo
Enschede
Rijssen
Holten
Deventer
Goor
Zutphen
Lochem
Borculo
Eibergen
Groenlo
Winterswijk
Doetinchem
Bredevoort
Aalten
Bocholt
Zevenaar
Arnheim
Wageningen
Ede
Barneveld
Amersfoort
Utrecht
Nijkerk
Apeldoorn
Nijmegen
Grave
Cuijk
Gennep
Boxmeer
Bergen
Venray
Helmond
Eindhoven
Deurne
Oirschot
Boxtel
Tilburg
Herzogenbusch
Hertogenbosch
Heusden
Gorinchem
Zalt-Bommel
Waalwijk
Veghel
Uden
Oss
Ravenstein
Tiel
Culenbg.
Wijk b. Duurst
Hilversum
Bunschoten
Veluwe
ZUIDER
ZEE
Texel Stroom
Wieringen
53
52
1
2
3
4
8
9
11

7b
51
50
3
4
Schelde-Maas-Rhein-Mündungen
BRÜSSEL
(BRUXELLES)
FRANKREICH
Antwerpen
Gent
Brügge
Ostende
Blankenberghe
Nieuport
Dünkirchen
Gravelines
Calais
St. Omer
Hazebrouck
Ypres
Courtrai
Roubaix
Tourcoing
Lille
Armentières
Béthune
Lens
Douai
Arras
Cambrai
Valenciennes
Condé
Mons
Charleroi
Namur
Maubeuge
Le Quesnoy
Landrecies
Avesnes
St. Quentin
Guise
Vervins
Hirson
Rocroi
Charleville
Laon
Soissons
Compiègne
Noyon
Ham
Péronne
Amiens
Corbie
Albert
Bapaume
Doullens
Montdidier
Beauvais
Clermont
Breteuil
Rethel
Vouziers
Montcornet
Marle
La Fère
Chauny
Vlissingen
Middelburg
Walcheren
Nd. Beveland
Süd-Beveland
Tholen
Goes
Terneuzen
Hulst
Bergen op Zoom
Willemstad
Voorne
Putten
Brielle
Goeree
Schouwen
Ober Flakkee
Beijerland
Mecheln (Malines)
Lokeren
Termonde
Alost
Ninove
Audenarde
Renaix
Enghien
Soignies
Nivelles
Waterloo
Binche
Thuin
Philippeville
Chimay
Couvin
Tournai
Leuze
Ath
Niederl. Sch. n. Grossbritannien
Belg. Sch. n. Grossbrit.
Deutsche Sch. n. Australien
n. Dover (Engl.)
n. Ramsgate (Engl.)

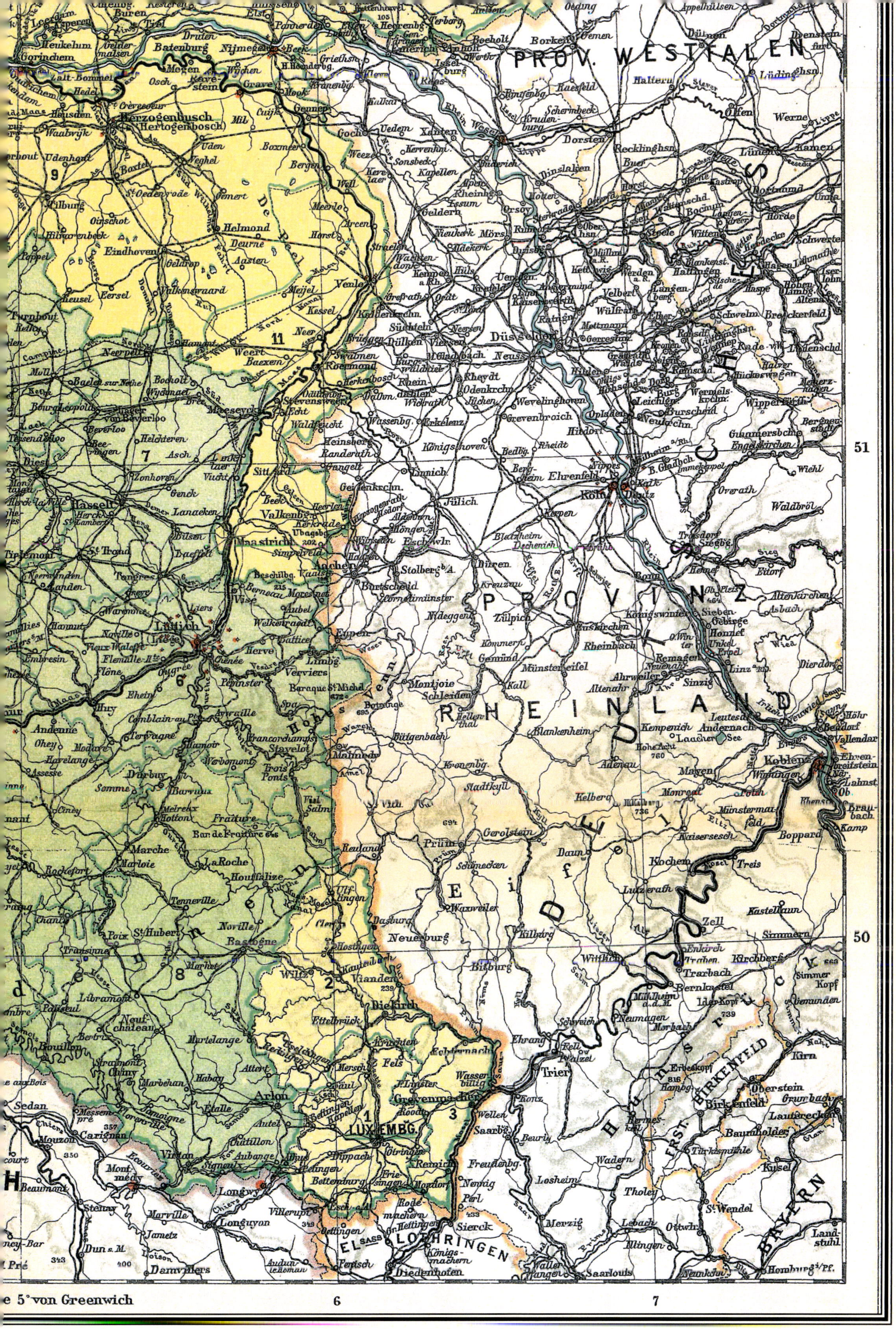
PROV. WESTFALEN
PROVINZ
RHEINLAND
Eifel
Hunsrück
FÜRST. BIRKENFELD
LOTHRINGEN
ELSASS
LUXEMBG.
BAYERN
De Peel
Hohes Venn
Ardennen
Köln
Düsseldorf
Aachen
Koblenz
Trier
Bonn
Lüttich
Maastricht
Hasselt
Herzogenbusch
Eindhoven
Venlo
Nijmegen
Krefeld
Saarbg.
Saarlouis
Diedenhofen
Sedan
Mont-médy
Longwy
Arlon
Bastogne
Marche
Spa
Verviers
Malmedy
Prüm
Bitburg
Wittlich
Bernkastel
Kirn
St. Wendel
Landstuhl
51
50
e 5° von Greenwich
6
7

Russischer Kriegsschauplatz n

NÖRDLICHES EIS
Nord Cap
Lofoten
Nördlicher Polarkreis
NORWEGEN
SCHWEDEN
Halbinsel Kola
Weisses Meer
Onega Bai
Bottnischer Meerb.
Drontheim
Haparanda
Uleåborg
Umeå
Sundsvall
Gefle
Upsala
STOCKHOLM
Norrköping
Gottland
Öland
Calmar
Åland
Åbo
Tammerfors
HELSINGFORS
Finnischer Meerb.
KRONSTADT
PETERSBURG
Ladoga See
Onega See
Petrosawodsk
REVAL
Dorpat
Pskow
Nowgorod
Ösel
Riga
RIGA
Mitau
LIBAU
OSTSEE
KÖNIGSBERG
DANZIG
PREUSSEN
Tilsit
Insterburg
KOWNO
WILNA
DÜNABURG
Witebsk
Smolensk
Minsk
Grodno
BIELOSTOCK
WARSCHAU
Lodz
LUBLIN
Brest-Litowskij
Pinsk
Mohilew
Bobruisk
TWER
MOSKAU
KALUGA
TULA
Orel
Rjäsan
JAROSLAWL
Rybinsk
Wologda
1.
3.
4.
9.
10.

Ostsee und Schwarzem Meer

Erklärung
Kaisertum Russland.
1. Gross-Russland
2. Klein-Russland
3. Ostsee-Provinzen
4. West-Russland
5. Süd- od. Neu Russland
6. Nördliche Provinzen
7. Zartum Kasan
8. Astrachan
9. Grossfürstentum Finnland
10. Königreich Polen
11. Statthalterschaft Kaukasien
STADT über 100000 Einwohner
STADT von 50 bis 100000 Einwohner
Stadt 25 – 50000
Stadt 10 – 25000
Stadt unter 10000 Einwohner
Dorf
Festung
Fort
Wichtige Hüttenwerke
Canal
Sumpf
Landes-
Innere
Grenze
Sand
Salzsumpf
Höhen in Metern.
KARISCHES MEER
Nowaja Semlja
Samojeden-Halbinsel
Karische B.
I. Waigatsch
I. Kalgujew
H. I. Kanin
Tscheskaja B.
Timan Gebirge
Grosslands Rücken
Ural
S I B I R I E N
Obdorsk
Beresow
Surgut
Tobolsk
Turinsk
Tjumen
Irbit
Jekaterinburg
Tscheljabinsk
Kurgan
Perm
Ochansk
Ossa
Kungur
Krasnoufimsk
Solikamsk
Tscherdyn
Ust Sysolsk
Jarensk
Solwitschegodsk
Welikij Ustjug
Mesen
Pustosersk
Wjatka
Slobodskoi
Orlow
Kotelnitsch
Glasow
Nolinsk
Jaransk
Urshum
Malmysch
Sarapul
Jelabuga
Mamadysch
KASAN
Tschistopol
Spask
Bugulma
Belebei
UFA
Birsk
Menselinsk
Slatoust
Troizk
Werchne Uralsk
Buguruslan
Sterlitamak
Simbirsk
Sysran
SAMARA
Stawropol
Nikolajewskoje
Buguruslan
Busuluk
Tscheboksary
Koswodemjansk
NISHNIJ-NOWGOROD
Makarjew
Wetluga
Alatyr
Ardatow
Saransk
Insar
Korsun
Kusnezk
PENSA
Chwalynsk
Samarskoi Gorodok
Orenburg
6.
7.
50
55
60
65
70
75
80
65
60
55

8b
Maßstab - 1: 10 000000.
Kilometer, 111,3 - 1° des Äquators.
100 50 0 100 200 300 400
Russische Werst, 104,44 = 1° des Äquators.
100 50 0 100 200 300
Eisenbahn, Schiffsrouten, Kabel
25
30
35
Östl. Länge 40 v. Greenw
55
45
40
PREUSSEN
ÖSTERREICH
UNGARISCHE
RUMÄNIEN
BULGARIEN
SCHWARZES MEER
Asowsches Meer
Marmara Meer
KÖNIGSBERG
DANZIG
Memel
Tilsit
Insterburg
Thorn
Plock
WARSCHAU
Lodz
Piotrkow
Radom
Kielce
Czenstochowa
LUBLIN
Brest-Litowsk
Grodno
BIELOSTOCK
WILNA
KOWNO
RIGA
DÜNABURG
WITEBSK
MINSK
Pinsk
Bobruisk
Mohilew
Smolensk
Homel
MOSKAU
TWER
TULA
KALUGA
Rjäsan
OREL
Kursk
Jelez
WORONESH
Tschernigow
Njeshin
KIEW
Berditschew
SHITOMIR
Poltawa
CHARKOW
KREMENTSCHUG
JELISAWETGRAD
Nikolajew
ODESSA
Cherson
KISCHINEW
JASSY
Krakau
Lemberg
Tarnopol
Przemysl
Czernowitz
DEBRECZIN
GR. WARDEIN
KLAUSENBURG
Hermannstadt
Kronstadt
Galatz
Braila
BUKARESCHT
Ploeschti
Krajowa
Widin
Nikopoli
Rustschuk
Silistria
SOFIA
Warna
Schumla
Philippopel
ADRIANOPEL
CONSTANTINOPEL
SKUTARI
Gallipoli
BRUSSA
Ismid
Angora
Kutahia
KONIAH
Kaisarieh
Siwas
Tokat
Amasia
Samsun
Sinob
Trabison
Erzingan
DIARBEKR
SEWASTOPOL
Simferopol
Jalta
Krym
Feodosia
Kertsch
Taganrog
ROSTOW
NOWO-TSCHERKASK
Mariupol
Berdjansk
Jeisk
Anapa
Noworossijsk
JEKATERINOSLAW
Akkerman
Bender
Tiraspol
Kamenez-Podolskij
Uman
Winniza
Jelisawetgrad
1.
2.
4.
5.
10

Nishnij-Nowgorod
Kasan
Simbirsk
Samara
Sysran
Pensa
Saratow
Zarizin
Astrachan
Uralsk
Orenburg
Ufa
Der allgemeine Rücken
Obschtschei Syrt
Innere Kirgisen Horde
Mertwyi-Kultuk
Kaspischer See
Ust-Urt
Aral-See
Wüste Kisil-Kum
Wladikawkas
Tiflis
Baku
Alexandropol
Eriwan
Schuscha
Täbris
Derbent
Kara Boghas od. Adshi Darja
Die Umgegend von St. Petersburg
Kronstädter Bucht
Kronstadt
Peterhof
Oranienbaum
Strelna
Krasnoje Selo
Pulkowa
Zarskoje Selo
Pawlowsk
Sestrorjezk
Maßstab = 1:1000000
Kilometer
45
50
55
60

Balkan-Halbinsel

STATISTISCHES UND ZEICHEN-ERKLÄRUNG.
Königreich Rumänien 138 832 qkm
Königreich Serbien 83 800 qkm
Zartum Bulgarien 116 060 qkm
Königreich Griechenland 124 560 qkm
Königreich Montenegro 14 700 qkm
Europäische Türkei 22 300 qkm
Albanien 27 000 qkm
Athos (autonom) 375 qkm
Bosnien und Herzegowina 51 027 qkm
(gehört zu Österreich-Ungarn)
STADT
Stadt
große Stadt,
Stadt .... Mittel-Stadt,
Stadt .... kleine Stadt,
andere Ortschaften,
Telegraphen-Kabel,
Festung, Fort, Ruine, Canal,
Landes-Grenze, innere Grenze.
Schiffsrouten
Höhen in Metern.
Leuchtfeuer
Eisenbahnen
Maßstab 1 : 3 750 000.
Kilometer.
Deutsche geogr. Meilen,
16
17
18
19
20
21
22
48
47
46
45
44
43
42
41
ÖSTERREICHISCH-UNGARN
SLAVONIEN
UNGARN
BOSNIEN
HERZEGOWINA
MONTENEGRO
SERBIEN
ADRIATISCHES MEER
Maria-Theresiopel (Szabadka)
Agram (Zagrab)
Essek
Neusatz
Semlin
Belgrad
Pančova
Werschetz
Temesvár
Gr. Kikinda
Sarajevo
Mostar
Ragusa
Cattaro
Cetinje
Skutari
Kragujevatz
Nisch
Pirot
Widin
Üsküb
Prisrend
Monastir
Bari
Brindisi
Lissa
Lesina
Curzola
Lagosta
Meleda
Durazzo

den Dardanellen

24
25
26
27
28
29
30
31
48
47
46
45
44
43
42
41
RUSSLAND
Kischinew
Bendery
ODESSA
Akkerman
MOLDAU
Jassy
Jaschi
Botoschany
Roman
Barlad
Galatz
Braila
Focschani
WALACHEI
BUKURESCHTI
BUKAREST
Ploeschti
Kronstadt
Hermannstadt
Krajowa
Silistria
Russe
Rustschuk
Warna
Schumla
Dobritsch
Kustendshe
Tultscha
Ismail
Sulina
SCHWARZES MEER
BULGARIEN
Tirnowo
Plewna
Burgas
ADRIANOPEL
Philippopel
TÜRKEI
Tekirdasch
Rodosto
ISTAMBUL
CONSTANTINOPEL
Skutari
Üsküdar
MARMARA MEER
Nikomedia
Ismid

9b
ADRIATISCHES MEER
ITALIEN
ALBANIEN
GRIECHENLAND
EPIRUS
THESSALIEN
MOREA
Straße von Otranto
GOLF von TARENT
IONISCHES MEER
MITTELLÄNDISCHES MEER
IONISCHE INSELN
Golf v. Korinth
Barletta
Trani
Bisceglie
Molfetta
Bari
Mola
Monopoli
Altamura
Gravina
Matera
Fasano
Ostuni
Brindisi
Taranto
Oria
Lecce
Gallipoli
Otranto
Castro
Alessano
Ugento
C. St. Maria di Leuca
Tursi
Rossano
Cariati
Strongoli
Cotrone
Catanzaro
Squillace
Dulzigno
Bojana
Alessio
Drin G.
C. Rodoni
C. Pali
Durazzo
B. v. Durazzo
C. Laghi
Semeni
Sasseno
C. Linguetta
Chimara
Othonoi
Fano
Kérkyra
Korfu
C. Bianco
Asprókabos
Paxos
I. Antipaxos
Prévesa
Leukas
Leukas (Santa Maura)
C. Dukato
(Kephalonia)
Kephallēnia
Argostolion
C. Skala
(Zante)
Zákynthos
Strophades
Golf von Arkadia
Arkadia
Pylos
(Neokastro Navarino)
Methōne Modon
Sapienza
Golf von Koroni
C. Matapan
Marathonisi
Janina
Larissa
Trikala
Patras
Salonik
v. Triest
v. Ancona
v. Messina
v. Catania
v. Malta
v. Hamburg - Constantinopel
von Marseille u. Genua
n. Alexandrien
n. Alexandrien u. Port Said
n. Marseille
42
41
40
39
38
37
36
35
17
18
19
20
21
Östl. Länge 22 v. Greenwich
23

Geographischer Verlag G. m. b. H., Leipzig, Stephanstraße 8

Übersichtskarte für die Ereignisse im t

10a
AMERIKA
ARCHIPEL DER ALEUTEN
BERINGS MEER
ODER
KAMTSCHATKISCHES
STILLER OZEAN
KAMTSCHATKA
DIE KURILEN (Japan.)
OCHOTSKISCHES MEER
SACHALIN
JAPANISCHES MEER
Bering Str.
Nordenskiöld See
TRANSBAIKALIEN
MANDSCHUREI
MONGOLEI
Neu Sibirische I.

-schen Interessengebiet und in Ostasien

AUSTRALLAND
DIE PHILIPPINEN
I. LUZON
MINDANAO
MINDORO SEE
SULU SEE
SÜD-CHINESISCHES MEER
CELEBES
MOLUKKEN
BANDA SEE
ARAFURA SEE
KORALLEN M.
NEU GUINEA
BISMARCK ARCHIPEL
ADMIRALITÄTS INSELN
KAROLINEN
MARIANEN
GROSZER
BORNEO
JAVA
SUMATRA
MALAKKA
SIAM
KAMBODJA
ANNAM
HINTERINDIEN
BIRMA
GOLF VON BENGALEN
SUNDA INSELN
SUNDA SEE
Äquator
Andaman
Nikobar
Timor
Flores
Östliche Länge 90° von Greenwich

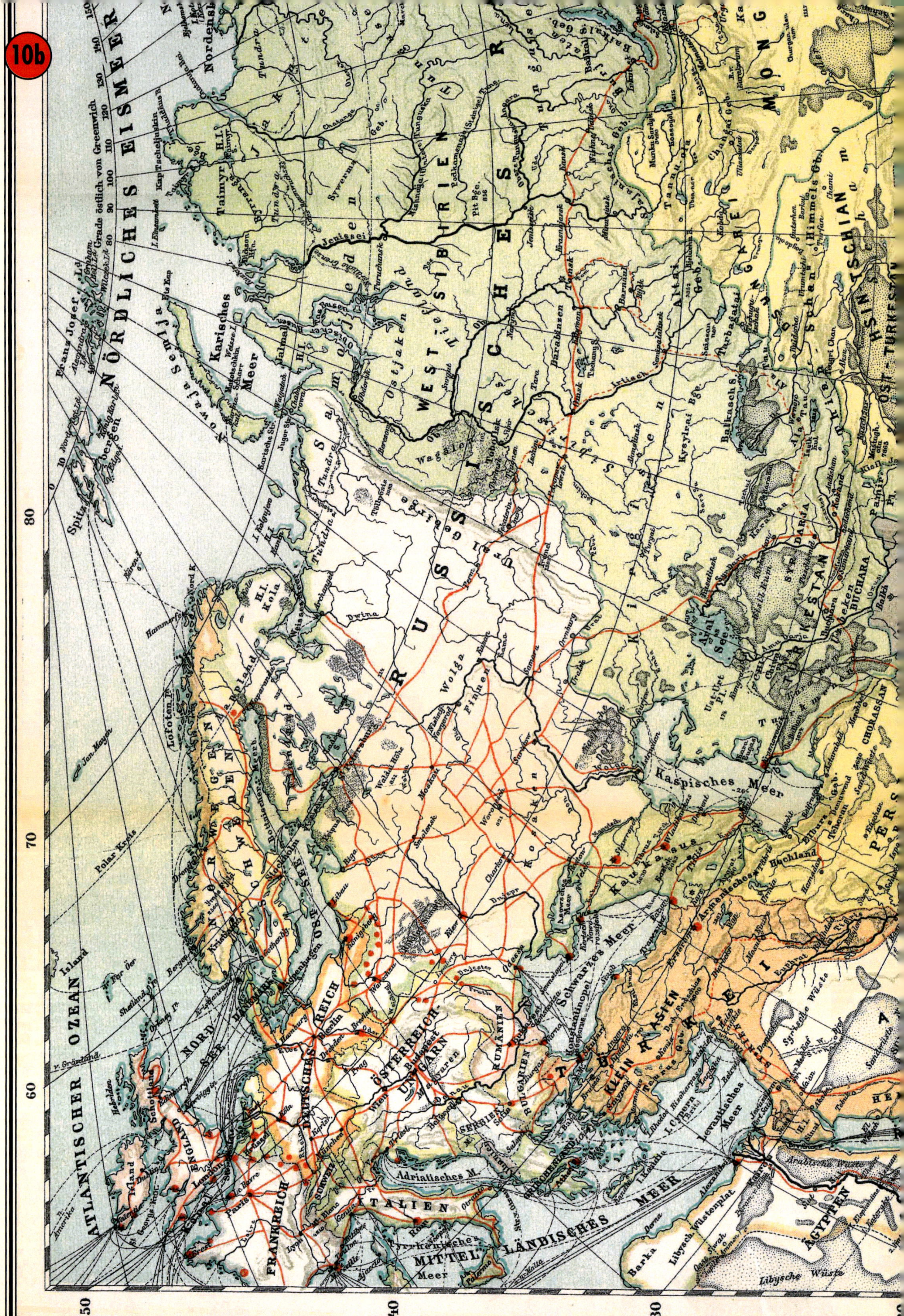
10b
NÖRDLICHES EISMEER
Grade östlich von Greenwich
ATLANTISCHER OZEAN
Franz Josef Ld.
Spitzbergen
Nowaja Semlja
Karisches Meer
Island
Polar Kreis
NORD SEE
OST SEE
RUSSLAND
WEST SIBIRIEN
Ural Gebirge
Wolga
Kaspisches Meer
Schwarzes Meer
Kaukasus
DEUTSCHES REICH
ÖSTERREICH UNGARN
FRANKREICH
ITALIEN
Adriatisches M.
RUMÄNIEN
SERBIEN
KLEIN ASIEN
MITTELLÄNDISCHES MEER
Levantisches Meer
ÄGYPTEN
Libysche Wüste
Aral See
TURKESTAN
BUCHARA
PERSIEN
TIAN SCHAN
50
40
30
60
70
80

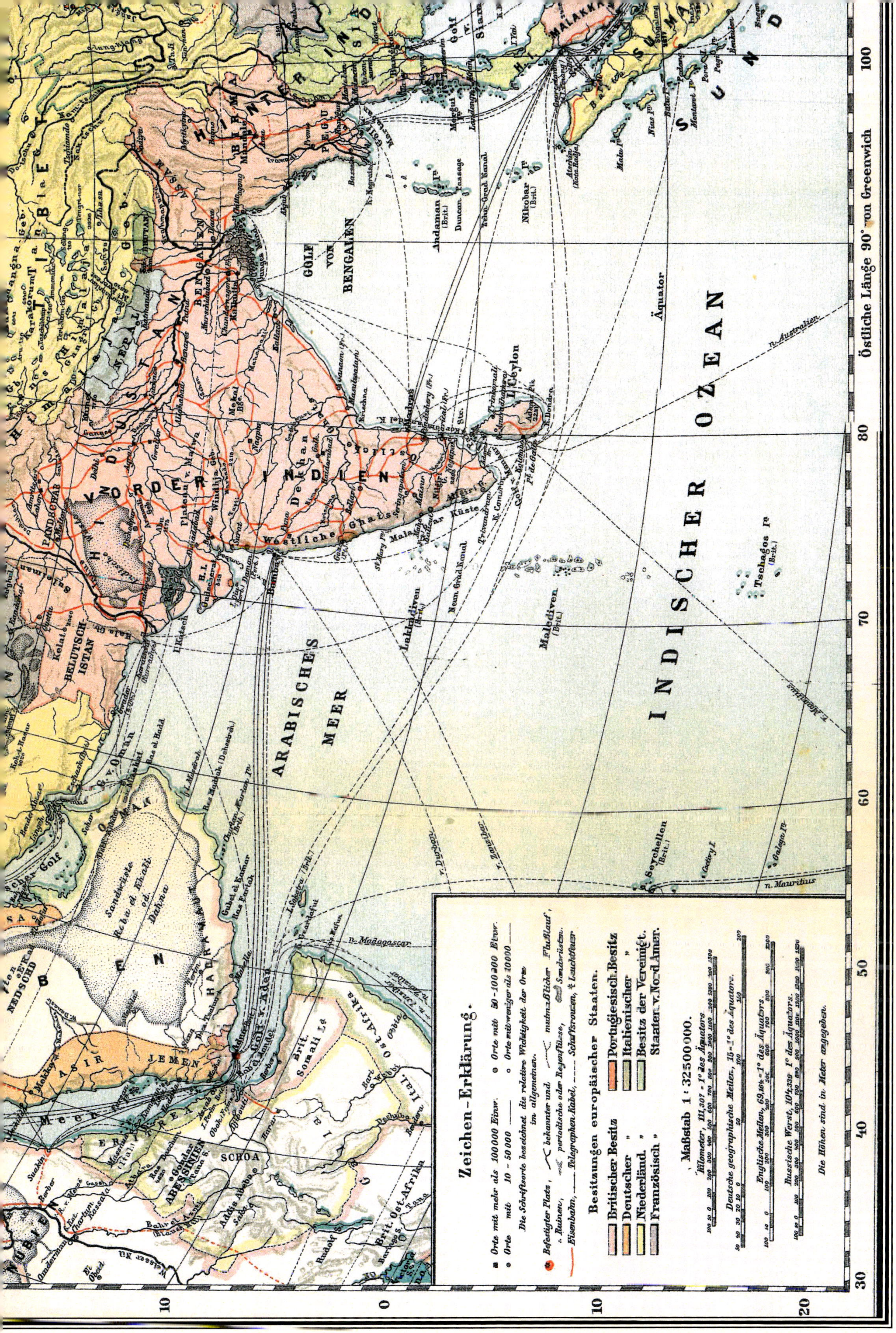

Zeichen-Erklärung.
Orte mit mehr als 100000 Einw.
Orte mit 50-100000 Einw.
Orte mit 10-50000
Orte mit weniger als 10000
Die Schriftsorte bezeichnet die relative Wichtigkeit der Orte im allgemeinen.
Befestigter Platz
Ruinen
bekannter und mutmaßlicher Flußlauf
periodische oder Regenflüsse
Sandwüsten
Eisenbahn
Telegraphen-Kabel
Schiffsrouten
Leuchttürme
Besitzungen europäischer Staaten.
Britischer Besitz
Deutscher
Niederländ.
Französisch
Portugiesisch. Besitz
Italienischer
Besitz der Vereinigt. Staaten v. Nord-Amer.
Maßstab 1 : 32500000.
Kilometer, 111,307 = 1° des Äquators
Deutsche geographische Meilen, 15 = 1° des Äquators
Englische Meilen, 69,164 = 1° des Äquators
Russische Werst, 104,339 1° des Äquators
Die Höhen sind in Metern angegeben.
INDISCHER OZEAN
ARABISCHES MEER
GOLF VON BENGALEN
VORDER INDIEN
HINTER INDIEN
BELUTSCHISTAN
Westliche Ghats
Ceylon
Malediven (Brit.)
Lakkadiven (Brit.)
Tschagos I.
Seychellen (Brit.)
Andaman I. (Brit.)
Nikobar I. (Brit.)
Äquator
Östliche Länge 90° von Greenwich
NEPAL
BHUTAN
BENGALEN
ASSAM
Bombay
Golf v. Aden
JEMEN
ASIR
SCHOA
Brit. Somali
Ital. Ost-Afrika
Brit. Ost-Afrika
Sokotra (Brit.)
Kap Guardafui
n. Madagascar
n. Mauritius
n. Australien
n. Durban
n. Zanzibar

11a

Italien und die österr

6
7
8
9
10
11
12
47
46
45
44
43
D E U T S C H
S C H W E I Z
O E S T
F R A N K R E I C H
Jura Gebirge
Berner Alpen
Lepontinische Alpen
Rhätische Alpen
Penninische Alpen
Graische Alpen
Cottische Alpen
Meer Alpen
Ligurische Apenninen
Toscanische Apenninen
Genfer See
Golf von Genua
LIGURISCHES MEER
Hyèrische In.
Golf de Grimaud
BASEL
ZÜRICH
St Gallen
BERN
LAUSANNE
GENF
Chur
Innsbruck
Bozen
Trient
Rovereto
MAILAND
TURIN
Novara
Vercelli
Pavia
Como
Bergamo
BRESCIA
VERONA
Vicenza
PADUA
Mantua
Cremona
Piacenza
ALESSANDRIA
Asti
Casale
Cuneo
GENUA
SAVONA
SPEZIA
Livorno
PISA
LUCCA
PISTOJA
PRATO
FLORENZ
BOLOGNA
MODENA
REGGIO
PARMA
FERRARA
Siena
Arezzo
Volterra
Piombino
I. Elba
Bastia
NICE (NIZZA)
Cannes
Grasse
Monaco
S. Remo
Porto Maurizio
Viareggio
Pietrasanta
Carrara
I. Pianosa
I. Capraja
I. Gorgona
von Marseille
von Buenos-Ayres, Montevideo über Barcelona
von Santos u. Rio-Janeiro nach Neapel

hischen Grenzgebiete

13
14
15
16
17
18
19
47
46
45
44
W.Neustadt
Ödenburg (Sopron)
Raab
Komorn
Donau
Gran
BUDAPEST
Oesterreichische
Kalkalpen
Steinamanger
Stuhlweissenburg (Székesfehérvár)
Veszprem
Platten See
Bakonyer Wald
Mór
Pápa
Körmend
GRAZ
Marburg
Radkersburg
Pettau
Nagy Kanizsa
Kaposvár
Szegszárd
Paks
Fünfkirchen (Pécs)
Mohács
Siklós
Drau
Essek
Mur
Klagenfurt
Villach
Karawanken
Cilli
Laibach
Görz
Udine
Gemona
Cividale del Friuli
Palma nova
Gradisca
Monfalcone
TRIEST
Capodistria
Castua
Fiume
Porto Re
Mitterburg (Pisino)
Rovigno
Parenzo
Pola
I.Brioni
Pta di Promontore
I.Cherso
I.Veglia
Zengg
Agram (Zagreb)
Warasdin
Karlstadt
Sissek
Petrinja
Glina
Kostajnica
Gospić
Carlopago
I.Pago
I.Unie
I.Lussin
I.Sansego
I.S.Pietro di Nembi
I.Selve
I.Premuda
I.Ulbo
I.Melada
Zara
Zaravecchia
I.Lunga od.Grossa
I.Incoronata
Pasman
I.Zuri
Scardona
Sebenico
Knin
Traù
Spalato
I.Bua
I.Solta
I.Brazza
I.Lesina
I.Lissa
Lissa
I.St Andrea
Sc.Pomo
I.Busi
I.Cazza
I.Lagosta
I.Curzola
I.Meleda
Sabioncello
Stagno
Ragusa
Trebinje
Bilek
Mostar
Metkovic (Gatschko)
Počitelj
Imoski
Livno
Glamotsch
Sarajewo
Banjaluka
Brod
Save
Bihać
Travnik
Zenica
Konjica
Bosna
BOSNIA
HERZEGOWINA
MONTENEGRO
UNGARN
Golf von Venedig
ADRIATISCHES
Triest - Pirdus
Venedig - Brindisi
Konstantinopel - Odessa
Rimini
Pesaro
Fano
Senigallia
ANCONA
Osimo
Loreto
Recanati
Macerata
Fermo
Ripatransone
S.Benedetto del Tr.
Ascoli Piceno
Giulianova
Teramo
Tordino
Atri

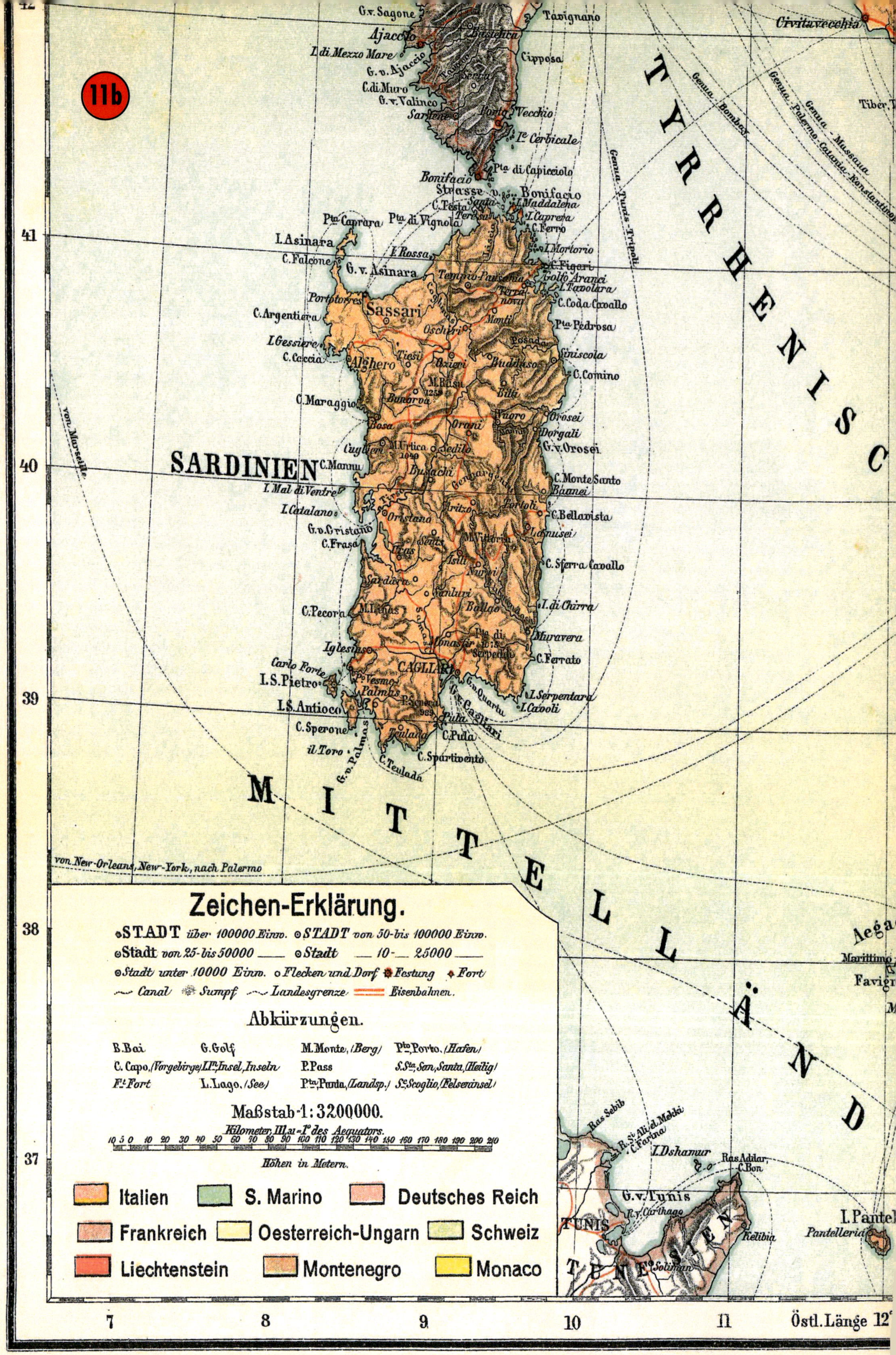
11b
SARDINIEN
TYRRHENISC
MITTELLÄND
Ajaccio
G. v. Sagone
G. v. Ajaccio
C. di Muro
G. v. Valinco
Sartène
Porto Vecchio
Bonifacio
Strasse v. Bonifacio
Tavignano
Cipposa
Civitavecchia
Tiber
I. Asinara
C. Falcone
G. v. Asinara
Sassari
Porto torres
C. Argentiera
Alghero
Tempio Pausania
Terranova
Ozieri
Nuoro
Orosei
Dorgali
G. v. Orosei
Bosa
C. Mannu
Oristano
G. v. Oristano
C. Frasca
Lanusei
C. Bellavista
C. Sferra Cavallo
Iglesias
Carlo Forte
I. S. Pietro
I. S. Antioco
C. Spartivento
C. Teulada
C. Pula
Pula
CAGLIARI
G. v. Cagliari
C. Carbonara
I. Serpentara
Muravera
C. Ferrato
Siniscola
C. Comino
Pta. Pedrosa
C. Coda Cavallo
I. Tavolara
C. Figari
Golfo Aranci
I. Maddalena
I. Caprera
C. Ferro
I. Mortorio
von Marseille
von New-Orleans, New-York, nach Palermo
Genua-Bombay
Genua-Tunis-Tripoli
Genua-Palermo-Catania-Konstantinopel
Genua-Massaua
TUNIS
G. v. Tunis
Kelibia
C. Bon
I. Pantelleria
Aegadische
Marittimo
Favignana
Zeichen-Erklärung.
STADT über 100000 Einw.
STADT von 50- bis 100000 Einw.
Stadt von 25- bis 50000
Stadt 10- 25000
Stadt unter 10000 Einw.
Flecken und Dorf
Festung
Fort
Canal
Sumpf
Landesgrenze
Eisenbahnen.
Abkürzungen.
B. Bai
G. Golf
M. Monte, (Berg)
Pto. Porto, (Hafen)
C. Capo, (Vorgebirge)
I. Io. Insel, Inseln
P. Pass
S. Sta. San, Santa, (Heilig)
Ft. Fort
L. Lago, (See)
Pta. Punta, (Landsp.)
So. Scoglio, (Felseninsel)
Maßstab 1: 3200000.
Kilometer, 111,1 = 1° des Aequators.
Höhen in Metern.
Italien
S. Marino
Deutsches Reich
Frankreich
Oesterreich-Ungarn
Schweiz
Liechtenstein
Montenegro
Monaco
Östl. Länge

E E R
Süd Apennin
S. Severo
Manfredonia
G.v. Manfredonia
FOGGIA
Barletta
Andria
MOLFETTA
Corato
BARI
Mola
Monopoli
Fasano
Brindisi
Lecce
Otranto
Gallipoli
TARANTO
Matera
Altamura
Potenza
Salerno
Benevento
Caserta
Capua
Gaëta
G.v. Gaëta
Pontinische In.
NEAPEL
I. Ischia
I. Capri
G.v. Salerno
Eboli
G.v. Taranto
G.v. Policastro
Cosenza
Paola
Rossano
Cotrone
Catanzaro
G.v. S. Eufemia
G.v. Squillace
Monteleone
Reggio
C. Spartivento
S MEER
Äolische od. Liparische In.
Stromboli
Panaria
Filicudi
Salina
Lipari
Alicudi
Vulcano
Ustica
S I Z I L I E N
PALERMO
MESSINA
Termini
Cefalù
Patti
Milazzo
ALCAMO
Monti Madonia od. Nebrodische Berge
Caltanisetta
Girgenti
Caltagirone
Etna
Catania
G.v. Catania
Acireale
Riposto
Giarre
Augusta
Siracusa
Noto
Ragusa
MODICA
Vittoria
Licata
C. Passaro
C H E S   M E E R
nach Konstantinopel, Smyrna
nach Massaua
nach Alexandria - Bombay
13
14
15
16
17
18
37
38
39
41

Weitere Karten und Bücher aus dem Verlag Rockstuhl

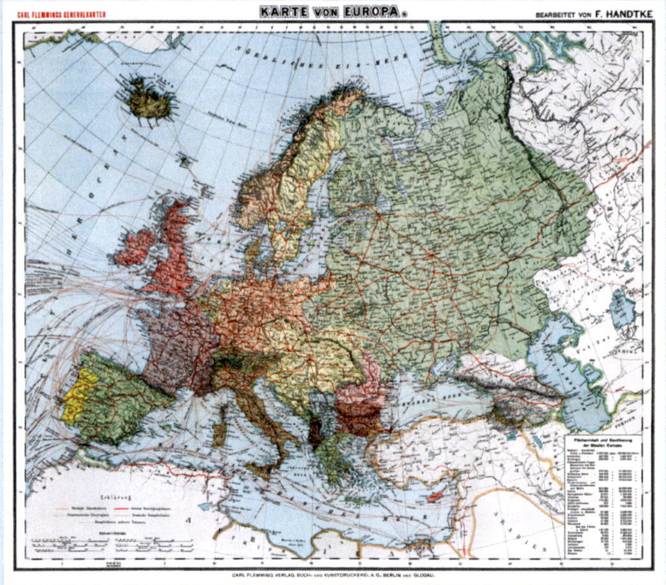

Europa, um 1910
Europa vor dem 1. Weltkrieg. Carl Flemmings Generalkarten, bearbeitet von Friedrich Handtke. Format (Breite x Höhe) 77 x 65 cm, gerollt.
ISBN 978-3-86777-286-0
19,80 €

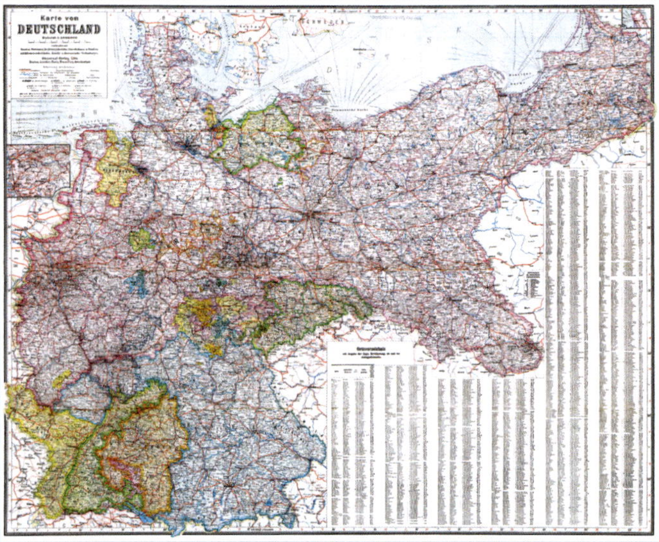

Deutschland 1914 – mit großem Ortsregister
Deutschland vor dem 1. Weltkrieg. Zwei Karten besteht aus je EINEM Vorn und Hinten bedruckten Bogen, je (B x H) 100 x 70 cm, gerollt
ISBN 978-3-86777-999-9
39,95 €

Österreichisch-Ungarische Monarchie 1908
Gebiet der Österreichisch-Ungarische Monarchie, die 1867 entstand.
Die Karte zeigt Österreich, Ungarn, Tschechien, Slowakei, Slowenien, Kroatien, Bosnien und Herzegowina, Siebenbürgen und Banat, Montenegro, Ukraine, Rumänien mit Bukowina und Tirol. (B x H) 88 x 68 cm, gerollt
ISBN 978-3-95966-008-2
19,80 €

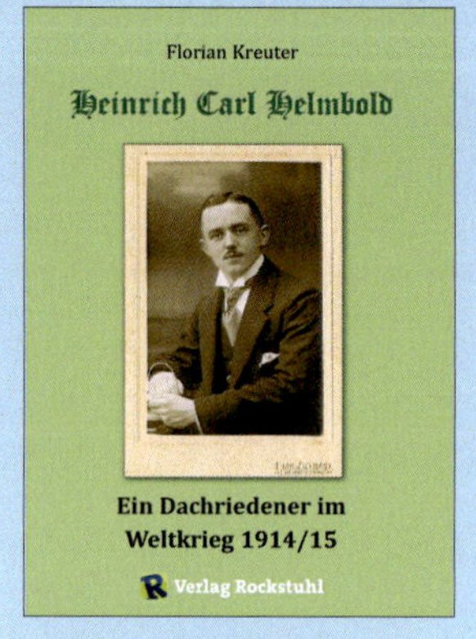

Heinrich Carl Helmbold. Ein Dachrieder im Weltkrieg 1914/15
Autor Florian Kreuter
Taschenbuch, 146 Seiten, 99 Abb.
ISBN 978-3-95966-383-0
19,95 €

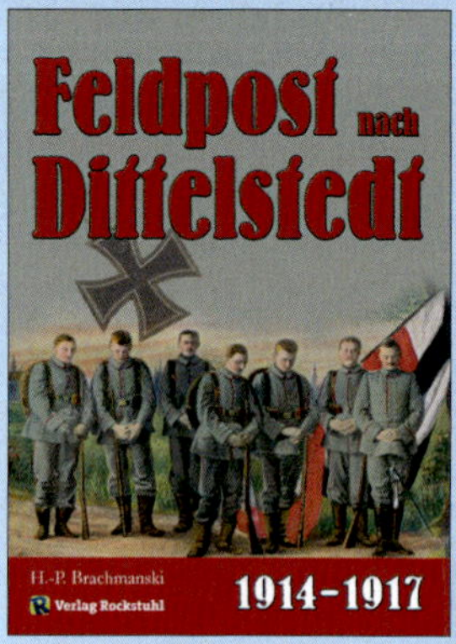

Dittelstedter Feldpost aus dem Ersten Weltkrieg 1914–1917
Hrsg. Hans-Peter Brachmanski
Taschenbuch, 72 Seiten, 12 Abb.
ISBN 978-3-86777-699-8
9,95 €

Von Reims bis Wilna 1914–1915
Hrsg. Gunther Hildebrandt
Erster Weltkrieg: Hugo Hoppes, Postkarten nach Brotterode.
Tb, 146 Seiten.
ISBN978-3-938997-90-1
19,80 €

Meine Flucht als Kriegsgefangener aus Frankreich 1919
Autor Karl Walter (1892-1945?) - Unteroffizier der Reserve 11/201
Tb, 136 Seiten.
ISBN 978-3-86777-749-0
14,95 €

Gefangenenlager in Thüringen 1914–1919
Autor: Harald Rockstuhl,
Tb., 96 Seiten mit 44 Abbildungen.
Langensalza; Ohrdruf; Erfurt und Bad Colberg.
ISBN 978-3-86777-676-9
14,95 €

Gefangenenlager in Langensalza 1914–1919
Autor: Harald Rockstuhl,
Festeinband, 212 Seiten mit 169 Fotos und Abbildungen.
ISBN 978-3-86777-103-0
29,95 €